＼成長株に／
化ける

優待株
の探し方

「優待＋配当」で賢く儲ける
株主優待株投資術

カリスマ投資家
成長株テリー

フォレスト出版

はじめに ――
楽しく、しかも儲かる優待株投資をする時代へ

　優待銘柄ポートフォリオ投資は、テレビでもおなじみになっている元将棋棋士の桐谷さんが実践している株式投資法です。2021年3月時点で、桐谷さんの株式資産はおおよそ「4億円」にまで到達したということがYouTube動画で公開されていました。4億円の株式ポートフォリオの大半が優待銘柄ということで、彼は、ほとんど現金を使わずに優待券だけで生活されているという、本当に楽しく生活のできる株式投資法を実践していらっしゃいます。

　桐谷さんの生活が、ピンとこない方も多いと思いますが、4億円の優待株の配当金と優待券などの合計の利回りが4％で、それぞれが半々（2％ずつ）とすれば、桐谷さんには、「4億円×2％＝800万円の現金配当」と「800万円相当の優待券など」の合計で1600万円相当の大金を毎年もらっていることになります。

　彼の場合には、800万円の現金の大半を再投資に回しているようで、5年もすればまた、4000万円もの優待銘柄でポートフォリオが増額することになります。

　つまり、残りの800万円相当の優待券で日々の生活を営んでいるのです。自転車に乗って、桐谷さんが優待券の使えるファミレスなどへ行く姿は、まさに株主優待で人生を楽しむという気楽な人生を送られているのです。

　毎年800万円の現金があれば、40銘柄以上の優待銘柄に投資が可能になります。現時点で優待がある銘柄が、約1500銘柄ありますが、その大半の銘柄を保有しているのではとも思われま

す。

　優待株投資の投資循環は、次の①⇒②⇒③を繰り返すことになります。

　① **優待銘柄に投資をして、優待券で楽しむ**
　② **配当金については、ほぼ全額新たな優待銘柄投資に使う**
　③ **増やした優待銘柄の優待券も含めて楽しむ**

　優待銘柄という日本独自の慣習で、通常の株主配当金のほかに、株主となっている投資家に優待券などの「おまけ」がついてくるという株式投資法です。
　実際には、配当などの再投資効果なども大きく、加速度的に資産を増やすことができるのです。
　投資には、「配当利回り＋優待券利回り」の合計が約４％程度ある銘柄を選んで購入することになります。そのような銘柄で優待銘柄の数十銘柄から数百銘柄のポートフォリオを作って、長期投資を楽しみながら、資産を大きく増やしていくという投資方法が優待株投資になります。

　私は、『日経平均５万円時代がやってくる』（パンローリング）という本を書いていますが、日本が緩やかなインフレ社会に変化を遂げようとしている時期には、資産を大きく増やすチャンスがきているということを知らない個人投資家が多いように思います。
　有名なアメリカの投資家レイ・ダリオ氏が言う「現金はゴミ（現金の価値はどんどん減っていく）」となる時代に生きていることに気づかずに生活しているということになるかもしれません。

　優待株投資は、原則として最低単位（通常は100株）の投資をすれば、優待券などをもらえる銘柄が大半なので、万一、そのような銘柄の業績が悪化して株価が下落という憂き目を見ても、100株なので簡単に損切りもできるし、最低でも10銘柄くらいに分散投資をしておけば、ポートフォリオに与えるインパクトはそれほどのものではありません。

　また、実際に受け取った配当を全額、新たな銘柄への再投資へと回していくと、配当の複利で増える効果から200万円の優待ポートフォリオは、10年もあれば1.5倍から2倍近くになる可能性が高く、株式インデックス投資よりも、むしろ楽しみながら大きく資産を増やせる可能性があるということになるでしょう。

　しかしながら、基本的には株式投資なのでリスクもあります。2017年頃に優待株投資ブームがありましたが、その頃に優待銘柄で投資を始めた個人投資家は、その後の不況によって、保有していた銘柄の株価が大きく下落したり、優待銘柄の業績悪化で、配当が減らされたり、場合によっては無配当に陥ったりした銘柄が増えました。

　楽しみにしていた優待券なども廃止されるという銘柄も多く、2019年以降の下げ相場で、優待株投資家の数は激減していきました。

　さらに、2020年頃のコロナショックによって、優待銘柄の多い飲食業など内需関連企業の業績が大きく悪化して、企業の存続まで危ぶまれるような状況に追い込まれた銘柄も多数ありました。このような状況下で、優待株投資のブームは終わりを迎えてしまいました。

このようなパンデミックショックは、100年ほど前のスペイン風邪以来の状況でしたが、今後は、このような状況で政府や世の中がパンデミックに対処する方法を学んだこともあり、株式市場にも強さが戻ってきています。

　米国や欧州に加えて、日本政府も、このパンデミック対策としての経済対策を行って、世界経済を回復させようとしています。また、大国となった中国も金利を大きく下げて財政支出をしながら、同国経済を支えてきています。

　このような背景の中で、日経平均株価という指数の1株当たり利益は、2000円を超えるという史上最高の業績を達成しようとしています。日本経済の戻りが鈍い中でも、外需系の上場企業は、世界中の経済の復興に支えられて、史上最高益を計上するような状況となっているのです。

　私自身も2021年2月頃から検討を始めて、3月から優待銘柄ポートフォリオを作って、優待銘柄で楽しみながら大儲けをしようという壮大なプロジェクトを開始しました。

　当初は、実家の事業で働いている女性に、会社の優待券を贈ったところ非常に喜んでもらえたことから、会社の法人口座で優待ポートフォリオを作って、主に女性従業員に喜んでもらう優待券がある優待銘柄を選びながらの投資として始めました。

　もちろん、会社の大切な資産なので、優待ポートフォリオ投資で、損をさせるわけにいかず、ある程度の安全面に考慮をしながらの投資法でした。

　5年後には、この優待ポートフォリオを約200銘柄程度にし、配当金を毎年3％程度受け取って、それに加えて優待券をもらって、みんなで楽しんでもらうという優待ポートフォリオ投資法を

実践するに至ったのです。

　加えて、株価が数年で2～5倍にもなる成長株投資への転換という優待銘柄（ここでは、単なる優待株から成長株へ移行することから「**優待離脱銘柄**」と呼びます）も出てきます。

　そのような銘柄に出会ったら、少しずつその銘柄に対する投資を増やしていくと、効率のいい成長株投資もできるという大きなメリットもあるのです。

　優待株投資の経緯などについては、私のブログでも面白おかしく公開しています。10年もあれば、そのポートフォリオを3倍以上にできるのではないかと興奮しながら、優待投資を楽しんでいます（私のブログはこちら→ https://ameblo.jp/freepapafx/）。

　なお、この本では、「優待ポートフォリオを楽しむ会」というグループメンバー約20名の一部の方々にも協力をいただいております。その中でも、私の優待株投資の話を聞いて、面白いと思って優待株投資を始められた女性投資家や、10年以上優待株投資をしている優待株投資家にも協力をいただいて書きあげました。

　これから大きく発展する日本経済と、それに伴ってもっと業績が改善されていく優待銘柄に投資をしながら、人生を楽しむ旅を始めましょう。

優待ポートフォリオ投資を楽しむ会
主幹　成長株テリー

＜ヒント＞ どうしてこの本を書いたの？

なんでケロ先生は、優待ポートフォリオ投資をしようなんて書籍を
書いたの？？

さらちゃん

ケロ先生

　　　　　そうだね。たまたま優待銘柄投資を始めたのは、2021年の2
月くらいからだけど、本格的に始めたのは3月からなんだ。

実家の会社で働いている女性社員が某社の優待カタログギフトで買ったも
のを喜んでくれたことから始まったんだよね。僕は成長株投資家だったの
で、優待なんかは株式投資のおまけ程度の扱いをしていたから（笑）。

その後、優待ポートフォリオ投資資産が4億円にもなったという「優待投
資のカリスマ桐谷さん」のYouTube動画を見たのが大きなきっかけだっ
たね。単に、優待銘柄で優待を楽しむだけでなく、値上がり益も積極的に
とっていくと面白いと思ったんだよ。

そのために、桐谷さんの投資方法を基本として、それにひと工夫つけて株
式投資をすれば、大きな財産を築くことができるということを確信したん
だ。

そこで、まずは自分の考えていることを書籍にまとめたうえで、実践して
いくことにしたんだよ。実践の内容は、以下のブログに書いていくよ。

●ニュージーランド投資生活・・・

　　https://ameblo.jp/freepapafx/

成長株に化ける
優待株の探し方

目　次

はじめに　楽しく、しかも儲かる優待株投資をする時代へ……001
　　　〈ヒント〉どうしてこの本を書いたの？　006

第1章
100万円で組んだ優待銘柄を
1000万円にしよう！

優待株だけで資産を作る戦略を立てよう 016
　1 まずは100万円からスタート！　016
　　〈ヒント〉100万円を1000万円にする方法　019
　2 追加資金の投資について　020
　3 大きく値上がりをしそうな優待銘柄に追加投資する　020
　4 過去に大当たりした優待離脱銘柄　025
　5 楽しみながらできる理想の株式投資法　029
　　〈ヒント〉本当に1000万円にもなるの？　030

第2章
優待銘柄ポートフォリオ投資の「基本のキ」

優待株の基本を知っておこう 032
　1 優待銘柄って何？　032
　　(1)優待株の歴史と株価への影響度合いについて　032
　　(2)優待銘柄株式投資の基本について　034

(3)優待銘柄株の優待のメリットは？ 037

　　＜ヒント＞優待ポートフォリオ投資のメリット 044

優待株王 !? 桐谷さんの株主優待生活 045

　１ 優待ポートフォリオ投資のカリスマ『桐谷さん』って
　　どんな人？ 045

　　　＜ヒント＞カリスマ優待投資家桐谷さんってどんな人？ 049

　２ 老後の2000万円問題にも対応できる
　　優待銘柄ポートフォリオ投資 049

　３ カリスマ優待銘柄ポートフォリオ投資家
　　桐谷さんの投資法 050

　　　＜ヒント＞カリスマ優待投資家の桐谷さん式の選び方とは？ 051

　４ 桐谷さん以外の著名な優待投資家はどんな投資家？ 052

　５ 優待券を楽しく使おう！ 052

第 3 章
優待銘柄の選び方と買い時のヒント

優待銘柄の探し方 056

　１ 検索サイトで優待銘柄を探してみよう 056

　２ 優待銘柄の買い時と
　　ポートフォリオ投資の注意点について 061

　　　＜ヒント＞総合利回りって何？ 063

　３ 買うタイミングを誤ると大きく損をする可能性もある 063

　４ 世の中の景気がよくなり始めた時期に買おう 066

5 できるだけ多くの銘柄に投資しよう 066

6 利回りを預金等と比較してみる 068

7 優待だけに目がくらまないように 069

8 優待銘柄にも売り時がある 070

9 配当が入金したら再投資しよう 073

10 「四季報オンライン」を使った銘柄の具体的な分析方法 076

    <ヒント>日経平均との比較について 082

11 いいタイミング、悪いタイミングでの買い時 084

12 「損切り」か「ナンピン」の方法 087

13 時価総額による優待銘柄の特徴 090

    <ヒント>時価総額について 094

第4章
値上がり益をとる優待ポートフォリオと売るタイミング

積極的に値上がり益を取るポートフォリオ戦略 096

1 ポートフォリオにエアトリを組み入れる 098

2 ポートフォリオに梅の花を組み入れる 100

    <ヒント>成長株って何なの？ 102

3 ポートフォリオに日本商業開発を組み入れる 103

4 ポートフォリオに壽屋を組み入れる 105

優待銘柄の売り時について 107

    <ヒント>移動平均線って何？ 109

業績予想の改善が続くような
　成長株優待銘柄での売り時について　113
　　<ヒント>優待離脱銘柄や成長株の売り時について　116

第5章
優待ポートフォリオ管理と
優待離脱銘柄へ追加投資

大きく値上がりする銘柄を積極的に取り入れよう！　118

1 優待ポートフォリオを管理する　118

　⑴ヤフーファイナンスのポートフォリオ機能を使う　118

　⑵重要な管理項目をデータ化しておく　120

　⑶「四季報オンライン」を使って業績予想の確認をする　122

　⑷優待銘柄の買い増し方法　122

　⑸優待券の量や質が変わるくらいまで買い増す　123

　　<ヒント>なぜ中長期のチャートだけを見るの？　126

2 楽しみながら値上がり益もとる優待ポートフォリオの例　127

　　<ヒント>優待離脱銘柄や成長優待銘柄の組み入れのタイミング　129

3 優待を新設した銘柄や増額した銘柄を組み入れる　130

　⑴アートスパークの株主優待の新設　130

　⑵TOKYO BASE の株主優待の新設　131

　⑶白銅の株主優待の新設　133

　⑷優待の内容を変更した日本商業開発　135

(5)優待品を増額したヨンキュウ　137

　　＜ヒント＞優待の新設や優待条件の改善を発表した銘柄の組み入れは？　140

第6章
楽しみながら優待株投資をする投資家たち

著名な優待投資家の情報を活用しよう　142

　1　COCCOさん：優待株投資を始めたばかりの女性投資家　142

　2　お多福さん：優待銘柄で長期投資をする主婦　155

　3　愛鷹さん：優待投資とテンバガー投資を実践する投資家　158

　4　成長株テリー：優待銘柄ポートフォリオ投資法　166

　5　優待投資の参考になる、そのほかの著名優待投資家　170

　　＜ヒント＞なんで著名な優待ブロガーのブログを読むの？　177

第7章
なぜ、優待ポートフォリオ投資がいいのか？

今だからこそ、優待投資を始めよう　180

　1　株価とは、そもそも何？

　　インフレとどう関係してくるのか？　180

　2　緩やかなインフレ時代の到来と日経平均株価　182

　　＜ヒント＞日本経済の夜明けがくるの？　184

3 現在の景気状況と優待ポートフォリオ投資の時代が到来 187

　<ヒント>なんで、これからは優待ポートフォリオ投資なの？ 189

4 企業の業績からも株価上昇は見てとれる 190

付録　優待券・割引券を贈る企業一覧

家族みんなで楽しめる、レジャー施設で使える
　優待券・割引券を贈る企業一覧（100株のもの） 194

家族みんなで楽しめる、レストランで使える
　優待券・割引券を贈る企業一覧 198

子どもと楽しめる、優待券・割引券を贈る企業一覧 200

お父さんが楽しめる、優待券・割引券を贈る企業一覧 200

お母さんが楽しめる優待券・割引券を贈る企業一覧 201

第1章

100万円で組んだ優待銘柄を1000万円にしよう！

優待株だけで資産を作る戦略を立てよう

　個人投資家として、優待株で1000万円資産を作るには、まずは100万円程度の投資資金が必要になります。もちろん、最低単位の優待銘柄投資額は、5万円くらいからあります。やはり、できるだけ多くの優待銘柄に投資をしておいたほうが、大きく上がる銘柄にめぐり合える確率も高くなるからです。

　100万円の資金から始めて、1000万円の優待ポートフォリオが完成すれば、30～50銘柄程度の優待券で日々の生活を楽しみながら、年間約20万円の配当などをもらえるようになり、本業の所得が少ない個人投資家であっても、ある程度豊かな生活を送れるようになることも多いです。

　このような優待ポートフォリオ投資をさらに10年以上かけて長期継続していくと、20年後にはこのポートフォリオを3000万円くらいに、30年後には1億円程度にすることも可能になります。

　最終的には、著名な優待投資家桐谷さんに追いつくような優待投資ポートフォリオを完成できる可能性もあるのです。

1 まずは100万円からスタート！

　まずは、元金100万円からスタートします。取引手数料が安く優待銘柄情報の多いネット証券（例えば、SBI証券、松井証券や楽天証券）がお勧めです。

　この100万円を使って、優待ポートフォリオの最初の一歩を踏み出します。100万円を使って、**配当＋優待利回り≒4％くらいの銘柄を5～10銘柄**組み入れます。必要資金は、1銘柄平均10万

円くらいです。欲しい優待（優待券や優待品）があって、どうしてもその銘柄を組み入れたい場合でも、配当＋優待利回りが3％程度のものを選んでください。

サンプルとして、組み入れてみる優待株ポートフォリオ例（2021年6月時点）を挙げてみました。

● 優待ポートフォリオ銘柄例

証券コード	優待銘柄名	投資金額	配当金	優待の価値	配当金と優待合計利回り	優待品
6630	ヤーマン	¥136,700	¥360	¥5,000	3.9%	オンライン優待券
3222	U.S.M ホールディングス	¥109,600	¥1,600	¥6,000	6.9%	マルエツ買い物金券
2927	AFCHD アムスライフサイエンス	¥99,200	¥2,500	¥4,000	6.6%	割引券
2153	EJ ホールディングス	¥105,900	¥2,700	¥1,000	3.5%	クオカード
2157	コシダカ	¥62,700	¥200	¥2,000	3.5%	優待券
2773	ミューチュアル	¥92,500	¥2,500	¥1,500	4.3%	カタログギフト
7337	ひろぎんホールディングス	¥58,000	¥2,400	¥2,500	8.4%	カタログギフト
3113	OAK キャピタル	¥12,500	¥0	¥2,000	16.0%	食器などを買える金券
9324	安田倉庫	¥95,900	¥2,400	¥1,000	3.5%	お米券
AAA	現金	¥227,000	¥0	¥0	0.0%	
合計		¥1,000,000	¥14,660	¥25,000	3.97%	

100万円のうち、20万円くらいは余裕資金（例では、約23万円が「現金」）としてとっておきます。この資金は、優待銘柄としての株価を離脱して大きく上がる**「優待離脱銘柄」**に追加投資するために使います。

また、この資金に銘柄を買い増す役割や新たに優待をつけるような面白い銘柄が現れた場合に使用するための余裕を持たせるという役割もあります。

加えて、スタートしてから毎年40万円ずつ資金を追加投資し

● 優待ポートフォリオ比率

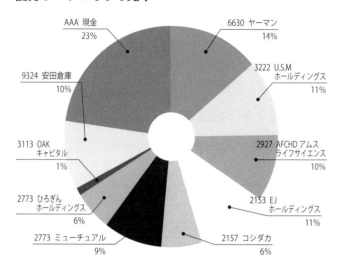

ていくことになりますが、3カ月に一度10万円ずつ追加投資を
して、新しい銘柄に投資するような方法で構いません。

　2年目以降は、毎年優待ポートフォリオからの配当金も含めて
再投資をし、40万円の資金も組入れて、優待ポートフォリオを
大きくしていきます。

　こうして、当初の100万円と追加投資資金の「40万円×10年
＝400万円」で、合計500万円の投資元本に対して、毎年約20
％の値上がり益をとれるようになると、10年目にはこの500万
円が、1000万円程度になるという投資法になります。

　シミュレーション結果は、次のようになります（次ページ）。
もしも、運よく年率50％で運用できれば、10年後には約2000万
円程度の優待株ポートフォリオになります。

● 複利で優待ポートフォリオ投資を10年間運用した結果

ポートフォリオ平均 運用利回り（年率）	投資額10年目 (a)	値上がり益累計 (b)	合計 C＝(a)＋(b)	想定配当額 C×2％
5％	500万円	150万円	650万円	13万円
10％	500万円	311万円	811万円	16.2万円
15％	500万円	489万円	989万円	19.8万円
20％	500万円	685万円	1185万円	23.7万円

＜ヒント＞ 100万円を1000万円にする方法

優待ポートフォリオ投資で、100万円を1000万円にするって、本当なの？？

さらちゃん

ケロ先生

　　　　本当だよ。ただし、100万円の投資で始めて、毎年40万円ずつ追加投資をするんだよ。当初は、100万円の優待ポートフォリオで株式投資を開始して、その後10年間、毎年40万円追加で資金を入れるから、合計で500万円の投資になるよね。

例えば、優待ポートフォリオ投資と名づけたけど、毎年楽しみながら、15〜20％の利回りで運用を目指すんだよ。そうすれば、100万円で株式投資を始めて、10年後には1000万円程度の資産になるよ。

日本も緩やかなインフレ時代になってきたので、案外、簡単に1000万円達成ができると、先生は考えているよ。

② 追加資金の投資について

　3カ月に一度ほど、10万円の予算で買えるような魅力的な優待銘柄を1銘柄ずつでも組み入れていきます。また、余裕資金は、追加投資資金として20万円程度維持していくことも重要になります。投資金額が300万円を超えてきたら、この余裕資金を30万円くらいに増やしたほうがいいかもしれません。この余裕資金は、優待株ポートフォリオ銘柄の中から、大きく上がるような銘柄への追加投資をするために使う資金としてとっておくという目的があります。

　前ページのシミュレーションで挙げた平均5％の利回りは、配当などを考慮すれば、ある程度簡単に達成できる数値と考えています。10％程度のパフォーマンスであれば、大きな失敗をしない限り、日経平均が5万円になるような状況下では、比較的簡単に達成できる利回りと考えられます。

　ただし、年間利回り15〜20％を達成するには、割安な優待銘柄という状態から離脱して、**大きく株価が上がる成長銘柄を年間3〜5銘柄くらい探して、大きく儲けることが必要**になってくるのです。

③ 大きく値上がりをしそうな優待銘柄に追加投資する

　私の優待ポートフォリオはスクリーニング（スクリーニングについては第2章に詳述）を終えた銘柄で、株価の底割れリスクの小さい銘柄で構成されています。

　その中でも優待銘柄を離脱して大きく値上がりするような銘柄

が存在していることを重視しています。では、優待銘柄を離脱して大きく値上がりをする銘柄とはどのような銘柄でしょうか？

● 優待離脱株とは？

1. 業界全体の景気が上昇して、業績が大きく改善していく銘柄
2. 特別な商品やサービスが大ヒットして、株価評価が大きく変化していく銘柄
3. 市場のマーケットシェアを上げていく、ないしは小さなマーケットのガリバーとなっていく銘柄

　上記のような状況を把握するには、優待ポートフォリオを監視する必要がありますが、できるだけ手をかけないように、私は以下のような方法を用いています（数多くの優待銘柄に投資をしていると、優待離脱銘柄に3カ月に一度くらいはめぐり合えるようになります）。

● 優待離脱株を把握する方法

1. 優待ポートフォリオの個別銘柄の75日移動平均線との株価乖離率をチェックしておく
2. 月次売上高の状況等を各銘柄のサイトなどでチェックする

　次ページの図は、私が管理しているヤフーファイナンスを使った優待ポートフォリオの管理画面ですが、JALUX（2729）が大きく上方乖離しています。

1375	↓㈱雪国まいたけ	100	71,201百万円	1,784	-8	-0.45%	-4.87%	178,400	-19,800	58,600
1518	↓三井松島ホールディングス㈱	1,000	12,437百万円	952	-11	-1.14%	-2.84%	952,000	-102,000	41,100
1904	↑大成温調㈱	100	13,648百万円	1,983	+6	+0.30%	-1.79%	198,300	-25,900	2,200
2109	↑DM三井製糖ホールディングス㈱	100	60,645百万円	1,858	+12	+0.65%	-2.76%	185,800	-21,200	42,400
2198	↓アイ・ケイ・ケイ㈱	100	20,371百万円	680	-6	-0.87%	+2.14%	68,000	-900	30,600
2309	↓シミックホールディングス㈱	100	27,874百万円	1,473	-7	-0.47%	-7.02%	147,300	-14,200	35,300
2729	㈱JALUX	500	24,720百万円	1,935	+69	+3.70%	+15.18%	967,500	+114,000	46,000
2730	↓㈱エディオン	100	119,846百万円	1,070	-3	-0.28%	-8.06%	107,000	-20,200	659,500
2735	↓㈱ワッツ	100	12,968百万円	929	-6	-0.64%	+2.49%	92,900	-300	37,000
2773	㈱ミューチュアル	100	6,934百万円	910	+11	+1.25%	+1.04%	91,000	-4,800	2,100
3034	↑クオールホールディングス㈱	100	57,537百万円	1,479	+2	+0.14%	+1.06%	147,900	-14,800	70,900
3167	㈱TOKAIホールディングス㈱	100	123,337百万円	883	+3	+0.34%	-5.17%	88,300	-10,000	156,200
3183	↓ウイン・パートナーズ㈱	100	29,680百万円	973	-4	-0.41%	-8.42%	97,300	-12,100	28,500
3198	↑SFPホールディングス㈱	100	37,098百万円	1,439	+22	+1.55%	+4.08%	143,900	-3,200	57,000
3221	㈱ヨシックス	100	23,927百万円	2,318	+27	+1.18%	+8.40%	231,800	-1,200	42,800
3355	↑クリヤマホールディングス㈱	200	16,859百万円	756	+11	+1.48%	+7.91%	151,200	+6,200	18,900
3397	㈱トリドールホールディングス	200	155,289百万円	1,780	+22	+1.25%	+6.47%	356,000	+9,400	306,700
3477	フォーライフ㈱	300	2,498百万円	1,249	+25	+2.04%	-2.70%	374,700	-42,900	800
3547	㈱串カツ田中ホールディングス	300	17,740百万円	1,899	+23	+1.23%	+4.18%	569,700	-1,500	61,200
3802	⇒㈱エコミック	400	2,014百万円	534	---	0.00%	-3.43%	213,600	-15,000	4,000

JALUX（2729）　約10年の月足チャート　東証1部

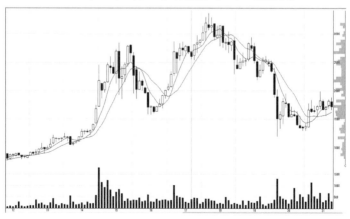

　JALUXは、JALの機内販売や通販などを行うJAL系の会社ですが、現状の移動平均乖離率は15％にもなっています。このような銘柄の業績予想やチャートなどを「四季報オンライン」などで確認して、追加の投資を行うことになります。

　最新の業績予想を見ると、今回の経常利益の伸びは小さいものの、来期（2023年3月期）については大きく伸びることが想定されています。

● JALUXの業績予想

	売上高	営業利益	経常利益	純利益	1株益（円）	1株配（円）
連17.3	143,217	4,056	4,222	2,572	203.5	50
連18.3	153,404	4,709	5,166	2,693	213.0	55
連19.3	185,726	4,628	5,094	2,962	234.3	65
連20.3	144,688	3,969	4,738	3,081	243.7	50
連21.3	80,346	-2,915	-2,426	-2,366	-187.2	0
連22.3予	110,000	300	200	100	7.9	0
連23.3予	150,000	3,000	2,000	2,000	158.2	0〜50
連20.4〜9	39,159	-1,786	-1,621	-1,879	-148.7	0
連21.4〜9予	50,000	-700	-700	-700	-55.4	0
連22.3予	・・	・・	200	100	-	(21.4.30)

　このような銘柄を見つけたら追加で買い増すようにします。無理する必要はありませんが、100株を合計で300株とか、500株くらいにするのです。

　私の場合は投資金額が大きいので当初優待としての投資株数の10倍の1000株程度に増やすことを標準としています。

　同社の優待を考慮すると、あと400株買い増して優待のメリットを大きくするのもいい選択かもしれません。私の場合は、2000株まで買い増しをするという方向性で考えています。

● JALUX の優待の詳細

商品券（1,000 円）

100 株以上	2 枚
500 株以上	4 枚
2,000 株以上	7 枚
4,000 株以上	10 枚
6,000 株以上	12 枚
10,000 株以上	14 枚

※「JAL World Shopping Club」（通販カタログ）、「JAL プラザ TABITUS + STATION」（東京有楽町店舗）、「BLUE SKY」（空港店舗）、「GLENFIELD」（自由が丘店）等で利用可
※優待品に代えて寄付選択可

　実際には、乖離率が 5% ～ 10% 程度になった時点でチェックをして買い増しをするかどうか考えます。私なら経常利益予想の 10 倍程度である株価 2500 円程度（時価総額で 300 億円くらい）までは値上がりする可能性があると想定して、400 株くらい買い増しをすると想定します。その後、ある程度、2500 円という株価に近づいた時点で売却をしていくのです。

　こうすれば、500 株の投資でも 35 万円（2500 円−1800 円 = 700 円 × 500 株 = 35 万円）くらいの売却益が得られるようになります。このような銘柄はタイミング次第でいろいろな優待銘柄に出てくるので、この売却益も含めて優待銘柄に再投資を続けていくことになります。

　個別に大きく値上がりするような銘柄については、値上り益を得ることがポイントで、この投資の大きな楽しみになります。単に優待券を楽しむだけではなく、大きな値上がり益も同時に得ながら「優待ポートフォリオ」を大きくしていくのです。

4 過去に大当たりした優待離脱銘柄

　私の知り合いで2015年下旬から優待ポートフォリオ投資を始めた方がいますが、多くの優待銘柄に投資をして、その後追加資金でも大きく上がる優待銘柄に追加で投資をして大儲けをした銘柄を紹介します。

　その投資家が一番儲けたのは、中国からの旅行者などでインバウンド需要が大きくなり、業績が大きく改善して株価も数倍になった日本の化粧品銘柄群でした。みなさんもよく知っている資生堂（4911）、コーセー（4922）、ポーラ（4927）、ノエビア（4928）でした。中国女性は日本にあこがれをもって、このような化粧品を爆買いしていたのです。

資生堂（4911）　約10年の月足チャート　東証1部

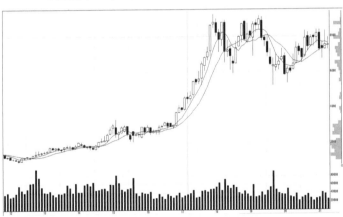

　2015年に1500円くらいで買っておけば、2018年2月頃には9000円近くまで株価が上昇しているので、資生堂の株価はおおむね6倍にもなっています。1500円で100株とすれば、15万円

が 90 万円にもなります。

　優待が増える株数になる 1000 株投資をしたとすれば、この銘柄の平均の取得価格が、2000 円としても 4.5 倍にもなっており、700 万円も儲かる投資になったのです。

● 資生堂の優待の詳細

自社グループ会社商品

100 株以上	1,500 円相当
1,000 株以上	10,000 円相当

※オリジナルカタログより選択
※1 年以上継続保有（12 月末時点の株主名簿に連続 2 回以上記載）の株主のみに贈呈
※優待品に代えて社会貢献活動団体への寄付選択可

　このような銘柄群は、中国人やアジア地区の女性のあいだで日本製の化粧品が大ブームとなったことが要因で株価が大きく上がったのです。

　この 4 銘柄は 2015 年から平均でも 7 倍くらいの株価になっていますから、優待ポートフォリオ投資家は、大きく資産を増やすことができる銘柄になったのです。

　そのほか、飲食業関連でも丸亀製麺を運営するトリドールホールディングス（3397）や低価格の串揚げ店を運営する「串カツ田中」、大規模な飲食フードコートを運営している DD ホールディングス（3073）なども、資生堂のように大きく株価を上げた飲食業態の優待銘柄群です。2015 年に 500 円程度で買えた銘柄が、

2018年には、2500円にもなっています。

DD ホールディングス（3073） 約7年の月足チャート　東証1部

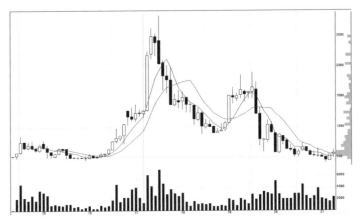

　また、これらの銘柄群のほかにも牛丼チェーン店の「吉野家」を運営する吉野家ホールディングス（9861）なども大きく株価の居所を変えた優待銘柄になります。

　変わったところでは、中小企業のM＆A（合併や買収）を媒介している日本M&Aセンターホールディングス（2127）があります。この企業は、優待で中小企業のオーナーなどに同社の存在を知ってほしいということで、毎年お米がもらえる優待をつけるようになったと考えられます。

　同社の株価は過去10年で大きく上がっており、2015年に同社株を買っていれば、優待のお米を楽しみながら効率の良い成長株投資もできたという銘柄になります。

吉野家ホールディングス（9861）　約10年の月足チャート　東証1部

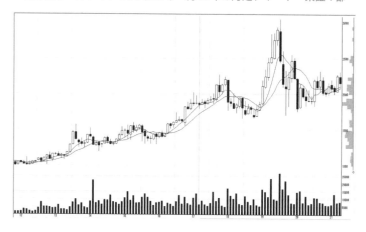

日本M&Aセンターホールディングス（2127）　約10年の月足チャート　東証1部

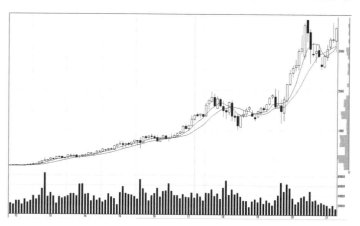

● 日本M&Aセンターの優待の詳細

株主優待情報　ご利用の際の注意点

優待の内容	米
権利確定時	3月
優待内容カテゴリ	
優待利回り	---％

優待内容詳細

100株以上	新潟県魚沼産コシヒカリ5kg ※1年以上継続保有の株主 のみに贈呈

5 楽しみながらできる理想の株式投資法

　優待を楽しみながら、このような大きく株価が上がっていく銘柄にも出会えるのが優待ポートフォリオ投資の強みです。中長期的に優待銘柄に投資をして、優待券などを楽しみながらじっくりと3～10年の中長期の投資をして、タイミング次第で大きな値上がり益をとれるようになるのです。その値上がり益を大きくするため、値上がりをしていく優待銘柄に追加投資をするという簡単な工夫をするだけで、恐ろしいくらい儲かる優待ポートフォリオ投資ができるようになるのです。

　これらの優待銘柄は、女性が大好きな「食べる」や「きれいになる」といった欲求を満たすような銘柄群であり、女性投資家もゆったりと優待を楽しみながらお金を増やすことができる、女性向きの投資方法なのです。加えて、男性でも家族のためにこのよ

うな優待銘柄ポートフォリオ投資をして、家族と優待を楽しみながら投資資産を増やすことができる理想的な投資法といえるでしょう。

第2章以降では、具体的な優待ポートフォリオの銘柄の選び方、買い時と売り時などを詳しく説明していきます。

＜ヒント＞ 本当に1000万円にもなるの？

100万円を1000万円にするといっても簡単じゃないよね？？

さらちゃん

ケロ先生

そうだね。数多くの優待銘柄の中でも、売上が大きく増えて経常利益も大きく増える時期にある銘柄のことを「成長株」というんだよ。そのような銘柄にめぐり合えると、資産が大きく増えるんだよ。

例えば、2018年頃に海外から旅行客が爆買いした、日本の化粧品銘柄があるよね。資生堂（4911）、ノエビア（4928）とかコーセー（4922）などが挙げられるよ。

実際に、僕の知り合いは2015年頃から優待ポートフォリオ投資を始めて、資産はその後3年で3倍くらいになったと言っていたんだよ。たまたま奥さんや娘さん用にといって、化粧品関連優待銘柄をたくさん持っていたからだけどね。

第2章

優待銘柄
ポートフォリオ投資の
「基本のキ」

優待株の基本を知っておこう

　優待銘柄投資とは、なんなのかについて、説明をしていきます。また、優待ポートフォリオ資産が約4億円という優待投資家のカリスマである桐谷さんのことも紹介していきます。

■1 優待銘柄って何？

　これから株式投資初心者でもわかるように、優待ポートフォリオ投資法について説明をしていきます。日本の株式市場において約3700銘柄が上場していますが、そのうちの約1500銘柄の中には配当のほかに商品の割引券など優待という「おまけ」がついている銘柄があります。

(1)優待株の歴史と株価への影響度合いについて

　日本には「株主優待制度」という、世界でもめずらしい制度があります。

　これは日本独自の制度で、「お中元やお歳暮を贈るという習慣からきた」「株主総会のお土産からいつの間にか制度化されていった」などの諸説があります。

　日本で記録が確認できた範囲で最も古い株主優待は、約120年も前の1899年（明治32年）に東武鉄道が行った「東武鉄道全線乗車券」の優待券だそうです。

　日本の投資家が、お金（配当金）をもらう以上に贈り物（株主優待）などを喜ぶ風潮があることから、戦後、百貨店などの富裕層向けサービスから、高度経済成長期には個人投資家を取り込も

うと一気に拡大しました。2020 年 10 月現在の優待実施数は、約 37％となり、ますます注目度が高まっています。

　2020 年に新たに株主優待が新設された企業は 34 社。2021 年に優待が新設された企業は 5 月 17 日現在で 17 社もあります。
　その中の 1 つ築地魚市場（8039）は、2021 年の 3 月 9 日の取引終了後、株主優待制度の新設を発表しました。

築地魚市場（8039）　日足チャート（2021 年 2 月〜 6 月）　東証 1 部

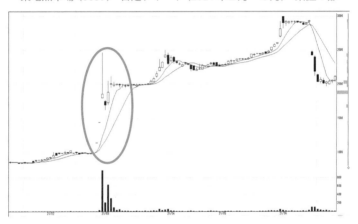

　毎年 6 月時点で 100 株以上を保有する株主を対象に、自社グループ会社の水産加工品詰め合わせ（保有株数 100 株以上 200 株未満で 3000 円、200 株以上で 6000 円相当）を贈呈します。6 月から適用を開始するということでした。

　このニュースは市場参加者に大きなインパクトを与え、発表直前の 3 月 9 日には 1142 円だった終値が、次の日から買いが集まり連日のストップ高比例分配となったことにより、2021 年 3 月

12日には一時2460円まで値上がり（チャート○部分）しました。3日で株価が2倍以上になり、株主優待の人気度を象徴したニュースとなりました。

(2)優待銘柄株式投資の基本について

さて、株式投資には、大きく2つの儲け方があります。

1つは、**キャピタルゲイン、値上がり益**です。

購入した企業の株価が上昇したことで得られる利益のことで、先ほどの築地魚市場（8039）の例で、3月9日に100株を1142円で購入して、もし3月12日に2460円で売った場合は……、

（2460円×100株）÷（1142円×100株）×100＝215％

と、3日で215％の値上がり率となり、13万1800円のキャピタルゲイン（値上がり益）が受け取れます。個人投資家の場合には、この利益から税金20％が差し引かれます。

もう1つは**インカムゲイン**と言われるもので、配当と株主優待となります。

配当とは、企業が利益の一部を株主に還元するもので、投資した株式数に応じて配当金がもらえます。1株当たりいくらという表示になりますので、株価に対して何％で配当金が返ってくるのかと考えると、預貯金の利回りのようなものになります。

保有年数が長いと優待が増える企業もありますが、多くの企業は権利確定日の2営業日前までに株を購入して保有しているだけで、配当と優待の両方受け取ることができます。そして権利付き最終日の翌営業日である「権利落ち日」になれば、すでに権利をもっている状態となるので売ってしまっても構いません。

ただし、多くの銘柄で権利落ち日には配当落ち（例えば、1000

円の株価の銘柄で、40円分の配当分が値下がりして960円となるような現象）と呼ばれる現状が起こって株価が下がる可能性が高いので注意が必要です。

　築地魚市場（8039）の例で言うと、2021年3月9日に1142円で100株購入し権利確定日の6月28日に保有していた場合、配当は1株当たり35円となりますので、

　35円×100株＝3500円。こちらは通常、2～3カ月後に受け取ることができます。

　株主優待のほうは6月末が権利確定日で、自社グループ会社の水産加工品詰め合わせ3000円分が自宅に送られてきます。

　配当と株主優待を合わせると……、

　（配当3500円）＋（株主優待3000円）÷114200円

　こちらは約5.7％となり、優待や配当がなくならない場合は毎年受け取ることができます。

　このように、株主優待は企業が株主に対し、持ち株数に応じて自社製品やサービス券などを提供するものとなっています。、例えば、レストランや居酒屋であれば飲食券、鉄道会社であれば回数券、アミューズメント施設であれば入園券などを提供することが多いようです。

　配当との違いとしては、配当は持っている数に比例してもらえるため、多くの株数を持っている投資家がたくさんもらえるのがメリットです。一方、株主優待は少し持っている投資家が有利になります。100株持っていても、1万株持っていても同じ優待という場合が多く、最低投資単元の100株を持っている投資家が一番利回りが高くなる場合が多くあります（なかには当てはまらな

い銘柄もあります）。

　優待銘柄株は将来値上がりするものを選ぶと、値上がり益（キャピタルゲイン）と「配当＋株主優待（インカムゲイン）」の両方の利益を得ることが可能となるわけです（配当のある企業の株を購入した場合）。

　では、どんなものがあるか見ていきましょう。

　私が使っている SBI 証券は、"銘柄を探す"という項目を見ると"株主優待検索"というのがあり、初心者でも簡単に探すことができます。

　食料・飲食券、金券、交通・旅行、宿泊、趣味・娯楽、日用品・家電、ファッション、スポーツ、女性向け、継続保有特典、おもしろ優待、その他という項目があり、初心者でも簡単に優待権利確定月、優待に必要な金額、といったこだわり条件での検索もできるようになっております。

　ほかにも、MINKABU というサイトの優待のページでは、月、投資額、カテゴリーごとに「優待＋株主優待利回りランキング」というものがあり、こちらを使っても簡単に欲しい優待品を見つけることができます。

　代表的なものは以下のようなものになります。

●自社製品の詰め合わせ（主に食品や日用品の製造業など）。
●自社のサービスや製品に使える商品券・割引券（クーポン）・無料券（タダ券と俗称される。鉄道会社や航空会社、小売業など主に一般消費者を顧客とする非製造業が多い）。
●地方企業の場合はその土地の名産品。
●自社とは関係のない汎用的な金券や商品券（一般消費者が

顧客対象ではない機械メーカー、素材メーカーなどの業種
が多い)。
●優待品に替えて、社会貢献事業への寄付が選べる会社もあ
ります。

ちなみに、優待権利確定3月の10万円以下を閲覧回数順に見
ていくと、

1位　Lib Work（1431）
　　　ネットで注文住宅の企画・設計から販売・施工・管理
　　　を行っている会社。100株につきクオカード1000円
　　　相当（3月、6月、9月、12月）。
2位　ペッパーフードサービス（3053）
　　　「いきなりステーキ」等を展開している会社。100株に
　　　つき自社グループお食事券1000円分（6月、12月）。
3位　千趣会（8165）
　　　100株につき「ベルメゾン」のお買物券1000円相当
　　　（6月、12月）。

クオカード、お食事券、お買物券などは、日常で使うものもあ
り、ちょっとした贈り物のようで、ワクワクしますね。

(3)優待銘柄株の優待のメリットは？

株式投資は、女性や投資初心者にとってはギャンブルで怖いイ
メージがあるし、勉強するにも情報がたくさんありすぎて何を勉
強していいのかよくわからないかもしれません。かといって、銀
行に預けていても増えない。そんな投資初心者に人気なのが株主

優待銘柄なのです。

　はじめに「企業から送られてくるプレゼント」と書きましたが、クオカードや無料の飲食券などお金に換算できるものも数多くあり、銀行預金の定期預金金利と比べ物にならないくらいお得なものがたくさんあります。

　2021年6月現在、銀行の定期金利は高くても新生銀行の0.40％（100万円以上）、大手の銀行となるとほぼ0％となります。さらに、バブル崩壊後は家計は減るばかりとなっています。

　直近の30年間の平均給与を以下の国税庁「民間給与実態統計調査」から見てみても、ほぼ給与水準は変わっていないどころか、1997年の消費税増税なども影響して経済がデフレ化したこともあり、少しずつ減少する傾向が続いています。

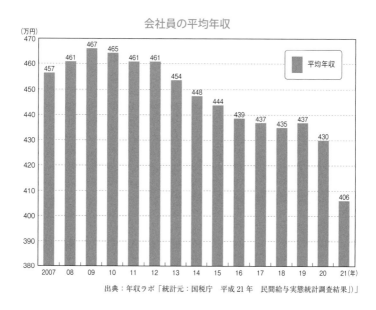

会社員の平均年収

出典：年収ラボ「統計元：国税庁　平成21年　民間給与実態統計調査結果」)」

　この間に消費税が導入され、1989年「竹下登首相時代」に3％、1997年「橋本龍太郎首相時代」に5％、「安倍晋三首相時代」の2014年には8％、2019年に10％と2回にわたって、消費税率が引き上げられています。

　全国7522万世帯を対象にした2019年「家計調査」によると、4人家族の1カ月当たりの生活費の平均は、約37万円になります。軽減税率などを考慮せずざっくり消費税率を10％とすると、年間の消費税額は37,000円×12カ月＝44万4000円にもなり、この分だけ家計消費が減ったことになります。

　消費者物価指数のほうはどのようになっているかも調べてみたところ、1991年と2020年を比較してみると以下の通りとなりました。

類・品目	総合	生鮮食品を除く総合	持家の帰属家賃を除く	持家の帰属家賃及び生鮮食品
1991	94.6	94.3	95.2	95.1
2020	101.7	101.4	102.1	101.8

総務省統計局「全国品目別価格指数」より抜粋

　この間に、定期預金金利はほぼゼロの状態が20年以上も続いているのです。

　2021年6月7日時点で優待ランキング（金券）をMINKABUのサイトで見てみると、優待食事券、クオカード、全国共通お米券、ギフトカードなど、誰がもらってもうれしい優待がたくさんあり、優待だけの利回り上位5位を見ても、優待利回りは、13.27％〜13.92％あります。

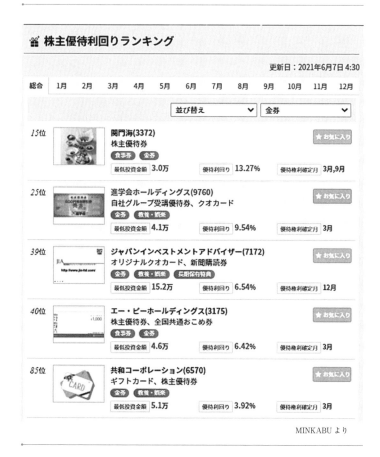

株主優待利回りランキング

更新日：2021年6月7日 4:30

| 総合 | 1月 | 2月 | 3月 | 4月 | 5月 | 6月 | 7月 | 8月 | 9月 | 10月 | 11月 | 12月 |

並び替え ∨　金券 ∨

15位 関門海(3372)
株主優待券
食事券　金券
最低投資金額 3.0万　優待利回り 13.27%　優待権利確定月 3月,9月
★ お気に入り

25位 進学会ホールディングス(9760)
自社グループ受講優待券、クオカード
金券　教養・娯楽
最低投資金額 4.1万　優待利回り 9.54%　優待権利確定月 3月
★ お気に入り

39位 ジャパンインベストメントアドバイザー(7172)
オリジナルクオカード、新聞購読券
金券　教養・娯楽　長期保有特典
最低投資金額 15.2万　優待利回り 6.54%　優待権利確定月 12月
★ お気に入り

40位 エー・ピーホールディングス(3175)
株主優待券、全国共通おこめ券
食事券　金券
最低投資金額 4.6万　優待利回り 6.42%　優待権利確定月 3月
★ お気に入り

85位 共和コーポレーション(6570)
ギフトカード、株主優待券
金券　教養・娯楽
最低投資金額 5.1万　優待利回り 3.92%　優待権利確定月 3月
★ お気に入り

MINKABU より

　優待銘柄を持っていると、優待のほかに配当金ももらえ、配当金＋優待ランキング（金券）で検索してみると、さらに利回りがアップし、銀行の定期預金とは比べ物になりません。配当と優待券の合計の利回りは、預金とは比較のしようのないくらい高いものがたくさんあります。

♂ 配当＋株主優待利回りランキング

❶ 配当＋株主優待利回りランキング一覧では、配当利回りと株主優待利回りを足した合計をランキングしています。権利確定月は株主優待の権利が確定する月で区分しています。

更新日：2021年6月7日 4:30

総合 | 1月 | 2月 | 3月 | 4月 | 5月 | 6月 | 7月 | 8月 | 9月 | 10月 | 11月 | 12月

並び替え ∨ | 金券 ∨

7位
日本アジアグループ(3751)
Amazonギフト券
金券 | 長期保有特典
最低投資金額 91.8万 | 配当＋優待 32.78% | 優待権利確定月 3月
★お気に入り

19位
関門海(3372)
株主優待券
食事券 | 金券
最低投資金額 3.0万 | 配当＋優待 13.27% | 優待権利確定月 3月,9月
★お気に入り

20位
進学会ホールディングス(9760)
自社グループ受講優待券、クオカード
金券 | 教養・娯楽
最低投資金額 4.1万 | 配当＋優待 13.12% | 優待権利確定月 3月
★お気に入り

34位
ジャパンインベストメントアドバイザー(7172)
オリジナルクオカード、新聞購読券
金券 | 教養・娯楽 | 長期保有特典
最低投資金額 15.2万 | 配当＋優待 8.63% | 優待権利確定月 12月
★お気に入り

57位
共和コーポレーション(6570)
ギフトカード、株主優待券
金券 | 教養・娯楽
最低投資金額 5.1万 | 配当＋優待 6.66% | 優待権利確定月 3月
★お気に入り

62位
エー・ピーホールディングス(3175)
株主優待券、全国共通おこめ券
食事券 | 金券
最低投資金額 4.6万 | 配当＋優待 6.42% | 優待権利確定月 3月
★お気に入り

71位
明光ネットワークジャパン(4668)
クオカード
金券 | 長期保有特典
最低投資金額 5.7万 | 配当＋優待 6.09% | 優待権利確定月 8月
★お気に入り

MINKABU より

ただ、優待銘柄の株価は毎日変動するので、株価が下がらない銘柄をしっかり見極めなければなりません。このように、優待利回りと銀行の定期預金の金利を比較して購入している個人投資家も多いので、今回のコロナショックのような下落局面では優待利回りがクッションになり、株価の下落が限定的になることもメリットとなります。また逆に優待券がついていたりすると、個人投資家が保有を続けることが多く、株式市場全体が大きく下がるような局面（2018 ～ 2020 年）でも優待銘柄はあまり大きく下がらないメリットもあります。

　例えば、日本全国に牛丼店を展開する吉野家のような銘柄です。「四季報オンライン」を見ると、業績予想が以下のようになっています。

●「四季報オンライン」の予想

業績予想更新（2021/05/25）

	売上高	営業利益	経常利益	純利益	1株益(円)	1株配(円)
連 21.2	170,348	-5,335	-1,964	-7,503	-116.1	0
連 22.2 予	153,000	2,500	5,200	2,000	30.7	5 ～ 15
連 23.2 予	168,500	3,500	3,800	1,800	27.6	15 ～ 20
連 22.2 予	155,100	2,700	5,200	2,000	-	(21.4.13)

　吉野家ホールディングス（9861）の時価総額（株式市場での評価額：発行済み株数×株価）が 1300 億円となっています。以下のように、比較して割高か割安かの判断をしています。

予想経常利益（2023 年 2 月期）38 億円 × 10 倍＜時価総額 1300 億円

　このように簡単な方法で、日経平均株価の指標などと比較して、優待銘柄が割高か割安か超割高かの判断をしています。

①割安な銘柄　予想経常利益×10 ≧時価総額
②割高な銘柄　予想経常利益×10 ＜時価総額
③超割高な銘柄　予想経常利益×20 ＜時価総額

　吉野家については③のような銘柄になっており、優待ポートフォリオに適さない可能性が高い銘柄となっています。というのも、吉野家は優待券が欲しいという個人投資家の多くが買っているため2018年頃にかなり株価が上昇していたからです。

吉野家ホールディングス（9861）　約10年の月足チャート　東証1部

　現在の株価は下落基調にありますが、まだ超割高であり、買ってはいけない銘柄になります。優待券をもらっても、株価の下落による損失が数倍から数十倍にのぼる可能性がある銘柄ということになるからです。逆に言えば、このような優待がついていることが

とが株価を高く維持する要因になるような銘柄もあるということになります。

　加えて、営業利益も 2020 年度からさらに下がるような予想であり、株価が上昇トレンドに転換するにはかなりの時間を要する可能性もありそうです。詳しくは、第3章の優待銘柄の選び方をご覧ください。

＜ヒント＞ 優待ポートフォリオ投資のメリット

優待ポートフォリオ投資のメリットは何なの？？

さらちゃん

ケロ先生

　　　　　　そうだね。優待ポートフォリオ投資は、優待銘柄と呼ばれる銘柄を買って「配当金」のほかに「優待」という "おまけ" をもらえる株式投資なんだ。

通常の株式投資では、配当金はもらえるけど、優待券などの優待はもらえない銘柄が普通なんだよ。

優待銘柄投資も株式投資だから、インカムゲインと呼ばれる配当金はもらえるんだよ。それに優待という "おまけ" がついてくるんだね。

加えて、通常の株式投資と同じで、キャピタルゲイン（値上がり益）というのもとれるんだよ。もちろん、逆に損をすることもあるけどね。

預金をしても、ゴミのような利息しかつかない時代に、配当金と優待を合計すると4％以上になる銘柄が多くあるんだよ、優待銘柄には（笑）。

このように、配当金と値上がり益を楽しむことができるのが、優待ポートフォリオ投資なんだよね。

【 優待株王 !?　桐谷さんの株主優待生活 】

◼️1 優待ポートフォリオ投資のカリスマ『桐谷さん』ってどんな人？

　優待投資家といえば、将棋棋士で個人投資家の桐谷広人さんが有名です。彼の株式運用資産は 2021 年 3 月末で約 4 億円にも達しています。その優待ポートフォリオは約 1000 銘柄にもなっているそうです。

　以前、登壇されたセミナーでの自己紹介によると……。

　1949 年 10 月 15 日広島県生まれ（現在 72 歳）。広島県竹原高校を卒業後、アルバイトをしながら 4 級で将棋の世界に入門され、25 歳でプロ棋士の 4 段になり、お給料をもらえるようになったそうです。

　現在の藤井聡太 3 冠くらい強いとしょっちゅう対局があるそうですが、多くのプロ棋士は月に 3 局くらいの対局のため暇が多いそうです。なので、お茶、お花、ピアノの先生のように、レッスンをする、原稿を書くなどして副収入を得ており、東京証券協和会の将棋部の証券マンたちに対してもレッスンをされていたようです。

　当時は、株式投資をギャンブルだと思われていたとのことで、将棋のレッスンが終わったらその後の飲み会には参加せずにすぐ帰宅されていたそうです。5 年経った頃、当時彼の住んでいた阿佐ヶ谷に転勤してきた証券会社の支店長さんが非常に将棋が大好きだということで電話をいただいたことがきっかけで、34 歳の時その証券会社を訪ねて行ったのが株式投資との出会いになりま

す。

　いつもお茶菓子などをいただいていたこともあり、お礼にお付き合いで株をやり始め、25万円ほどの株を買ったら、1週間程度で5万円も儲かったそうです。

　その話を支店長さんが将棋部でしたところ、ほかの証券会社のほうからも、うちで買ってくださいということになり、徐々に投資銘柄が増えていったそうです。

　東京に来てから、アルバイト生活で質素な暮らしを7年続けていて、プロ棋士になってお給料が増えてからもお金を使わないので、1984年の日経平均株価が1万円くらいの時に約4000万円の貯金を株投資に振り向けました。

　5年後の1989年末には、日経平均が4万円近いところまで爆騰し、それを受け、桐谷さんの株式投資の資産も4000万円から約1億円まで増加したそうです。

　当時は、バブルの時代で何を買っても儲かったので、本格的に取引したらすぐに何十億も儲かるんじゃないかと信用取引もスタートしましたが、実は、その時がバブル相場のピークでした。1989年年末のピーク以降、株価は下がる一方なのに、彼は千載一遇のチャンスと思って、どんどん買った結果、大損をしてしまったそうです。

　また、2007年の日経平均株価が高かった57歳の時にも、3億円くらいの株式資産があり、老後は悠々自適な生活ができると思い、プロ棋士を引退して毎日株の勉強をして信用取引をやったところ、サブプライムローン問題が起きて大損をしてしまいます。

　歴史上2回続けて株式市場の大暴落が起こったことはなかったので、もう大丈夫だろうと思いさらに信用取引でポジションを増やした時にリーマンショックが起きて、本当にひどい目にあい、彼の資産は5000万円まで目減りしてしまいます。

　プロ棋士を引退して収入もなく、これからどうやって生活しようと思っている時に、株主優待のある株をたくさん持っていたのが功を奏して、優待品などだけで食いつないで、2013年以降のアベノミクス相場で大復活できたそうです。

　「笑っていいとも」などのテレビ出演で大ブレイクした桐谷さんですが、ある時、「月曜から夜更かし」というテレビ番組に出演されたところ、高い視聴率が出たので、プロデューサーからほかの番組には出ないでほしい、テレビに映らないところでも現金を使わないでほしいということをお願いされ、その時から本当に現金を使っていないそうです。

　現在では、優待を使い切るために優待の入ったお財布を常に持ち歩き、都内の自転車で走り回る毎日を過ごしています。優待券で映画鑑賞、フィットネスクラブ、食事も優待券で支払い、端数は、優待でもらったグルメカードを利用して、お釣りをもらう。服や靴、下着はもちろん、家賃や公共料金などの支払いも、株の配当金で支払っているそうです。

　移動は、もちろん自転車なので交通費もかかりません。そのおかげで脚力が強くなり、テレビ番組のロケで反復横跳びをやったところ57回もできたようで、20歳くらいの体力と言われています。

　また棋士時代、コンピューター桐谷と呼ばれていたほどの記憶力を活かして、将棋で鍛えた記憶力で優待の期限も暗記している

ようです。

　では、コロナショックの暴落時は、どのようにされていたのでしょう。普通の人であれば、株価が下落すると損をすると思い、怖くなって、売ってしまうとおもうのですが、桐谷さんは、「暴落はチャンス」と思って、どんどん買ったそうです。
　配当＋株主優待利回りが高くなるので、「バーゲンセール」のような感覚で、2月の下落から3月の終わりまで、約70銘柄購入しています。その後も、年初来安値をつけたりするもの、安いものがあれば購入し、今では1000銘柄以上になるそうです。

　多くの企業を購入することでリスクを抑えることができ、少年時代に好きだった「鉄腕アトム」を見て、「小さいロボットもたくさん集まれば、どこかやっつけられても、ほかが動くから大丈夫」と思ったそうです。
　株価が下がっても簡単に売らない理由は、余裕資金と現物取引で株を購入しているからです。基本的には、株価が安いところで買って、株価が下がっても配当と優待品をもらいながら、辛抱強く待てるタイプの性格で、あまり気にされないそうです。

　一番長く持っている株は、バブルの時代に1000株を260万円くらいで購入した大和証券だそうで、一時期は、30万円くらいまで下がってしまいました。ただある時から、年に2回優待カタログがもらえるようになり、今でも買値から200万円くらい損をしているようですが、いまだに持っていらっしゃるようです。
　桐谷さんは、優待をもらって人生を楽しむ生き方をされていらっしゃいます。

＜ヒント＞ カリスマ優待投資家桐谷さんってどんな人？

誰か、優待ポートフォリオ投資で大成功している人がいるのかなぁ？？

さらちゃん

ケロ先生

　元将棋棋士の桐谷さんは、超有名だよ。彼は、優待ポートフォリオ投資で4億円の資産をつくっているからね。もう、40年近くやっていて、1000銘柄を超える優待銘柄を持って、毎日優待券を使うために生きているような状態だからね（笑）。

2 老後の2000万円問題にも対応できる優待銘柄ポートフォリオ投資

　桐谷さんの書かれた『桐谷さんの株主優待のススメ』（祥伝社）という本でも、「老後2000万円問題」について言及されています。

　日本は、世界に冠たる長寿国であり、研究者の多くが、2045年には、日本人の平均寿命が100歳を超えると推測しています。

　総務省の「家計調査年報」によれば、夫婦が老後に必要とするお金が、平均で月に28万円。25年で計算すれば8400万円になります。ましてや、100歳までとなったら、軽く億を超えてしまうということです。

　このうち、年金では賄いきれない金額として、2000万円という数字が出てきましたが、2000万円でも到底足りないと思っているので、私たちはもっと積極的に老後の資金の確保に動く必要があり、そのようなことからも、「いい優待がついた株に分散投資する」こと以上に、原資を目減りさせずに豊かな生活を送る方

法はないと確信しています。

　そのようなことから、株主優待のある株を分散投資するのが、安全で、手堅く少しずつ資産が増えていく一番良い方法だと思われたようで、テレビやマネー誌などでお薦めしているそうです。

３ カリスマ優待銘柄ポートフォリオ投資家桐谷さんの投資法

　彼がどんなタイミングで優待銘柄を購入しているのかを見てみましょう。

　桐谷さんは、スーパーでお弁当を買う時、半額シールが貼られるまで待つタイプだそうで、株も高値では買わず安値で購入しています。株価の目安は、年初来安値（その年につけた最も安い値段）です。現在の株価が年初来安値を更新していれば安値と判断しています。ただし、年初来安値銘柄は、候補に入っただけですぐに買うわけではないそうです。

　この中の銘柄の株価が下がって、
「総合利回り」（配当金＋優待を合わせた利回り）が4％以上の銘柄で、減配なし優待改悪なし、長期保有優遇の３条件のすべてを満たす銘柄を探すそうです。

　優待銘柄を買うと、通常は年１回か年２回と、配当と株主優待品がもらえます。配当がなく、株主優待のみという企業もありますが、桐谷さんはどちらも重視されており、両方がもらえる銘柄をまず探します。

　昨年2020年で言うと、西日本旅客鉄道（9021）の株は、コロナショック後の底値、年初来安値の2020年8月3日に購入しています。

　生活の助けになるような実用的な優待品をもらって、配当も受け取れれば、その分貯蓄がしやすくなる。なかには、優待を廃止してしまう銘柄もあるかもしれません。もしかすると、株価が大きく上昇する銘柄もあるかもしれません。なので、数多くの優待銘柄への分散投資を続ければ、全体でバランスがとれた運用ができるはずで、とにかく、第一歩を踏み出すことが重要だとおっしゃっています。

＜ヒント＞ カリスマ優待投資家の桐谷さん式の選び方とは？

> カリスマ優待投資家の桐谷さんは、どういう基準で優待銘柄を選んでいるの？？
>
> さらちゃん

ケロ先生

> 　　　　　そうだね。カリスマ優待ポートフォリオ投資家の桐谷さんは、以下のような総合的利回りが４％程度以上の優待銘柄を選んで買っているんだよ。
>
> 　(配当金＋優待金価値）÷株価 ≧ 約４％
>
> 原則、上の式に加えて、「減配（配当金の減額）なし」「優待の改悪なし」「長期保有者への優待優遇がある」の３条件を満たす銘柄に投資すると言っているんだよね。
>
> 将来における減配や優待の改悪がないという銘柄を選ぶのは、かなり難しいんだよね。実際に、今回のコロナ禍で、減配や優待改悪などが優待銘柄で多く起こったからね。

4 桐谷さん以外の著名な優待投資家はどんな投資家？

優待株メインに売買している有名な優待投資家が、どんなふうに売買しているのか、また、どのような銘柄を選んでいるのか？というのは気になるところです。

インターネットで優待投資家と、検索するとたくさんの優待投資家が出てきます。（著名ブロガーについては、第6章に記載しています）。

その中でも、上位ランキングに出てくるような人気優待投資家を見るのが、優待株投資に大いに役立つと思います。SNSに投稿しているくらいなので、情報発信が大好きな方も多いのです。コメント欄に質問をしたら、だいたいは丁寧に答えてくれます。個別にメールでやり取りをしてくれる人もいます。

また、以下のサイトでは、無料メルマガで、今月の優待銘柄や新規に優待をつけるような優待の詳細や銘柄情報を教えてくれるようなサービスもあります（https://www.kabuyutai.com/）。

5 優待券を楽しく使おう！

欲しい優待株を買ったあとは、優待品が送られてくるのを楽しみに待ちましょう。自社商品の詰め合わせセットや、クオカード等の金券は、いつも人気があります。権利付き最終日に対象となる株を保有していたら、すぐに優待品が送られてくると思いがちですが、実際には、配当落ちから2〜3カ月後となります。

いろいろな種類がある優待品ですが、家族みんなに喜んでもらえるとうれしいものです。

　株主優待には、商品券、カタログギフト、図書券、ビール券、お米券等、いろいろありますが、家族に喜んでもらえそうなものをピックアップしましたので、詳しくは巻末の付録「**優待券・割引券を贈る企業一覧**」（194 ページ〜）をご覧ください。

第3章

優待銘柄の
選び方と買い時の
ヒント

優待銘柄の探し方

　優待がついた銘柄を探す方法です。具体的には、以下のような優待株のサイトを使って、各月の優待銘柄を検索する方法や優待内容のカテゴリー（例えば、食料品とか飲食割引券などの分類）によっても検索することが可能になっています。

1 検索サイトで優待銘柄を探してみよう

　優待株を探す際には、以下のようないくつかの検索サイトがあります。この本では、「四季報オンライン」を使った検索方法を解説していきます。

①主な優待銘柄検索サイト

- MINKABU の優待サイト：
  https://minkabu.jp/yutai
- ダイヤモンド ZAI の優待サイト：
  https://kabunushiyutai.diamond.jp/
- 楽しい優待&配当ドットコムのサイト：
  https://www.kabuyutai.com/
- トウシルの優待サイト：
  https://media.rakutensec.net/ud/theme_simple/
  theme_code/kabuyutai

②「四季報オンライン」を使った優待銘柄検索方法

「四季報オンライン」で優待銘柄を検索する方法です。優待ポー

トフォリオを構築するには、「四季報オンライン」を定期購読することが必須になります。

　業績予想の確認や株価チャートなどの優待銘柄を決める際に重要な要素となるものが満載されています。有料サイトですが、ベーシックプラン（税別 1 カ月当たり 1000 円、年間 1 万 2000 円）で十分に対応できます。

　まず、「四季報オンライン」の「おすすめ検索条件」をクリックします。

　次に「指標で探す」をクリックすると、「配当や株主優待で探す」がでてきます。

● 「四季報オンライン」スクリーニング画面

　配当利回りは 3 ％以上の設定になっていますが、自分で数値を変更することもできます。

　次に条件追加の項目をクリックして四季報データの項目をクリックすると「株主優待」の項目が出てきます。

● 「四季報オンライン」条件追加画面

　ここで上記の四角で囲った部分の「株主優待有無」「株主優待権利確定月」と「株主優待利回り (%)」の項目ごとに条件を入力します。

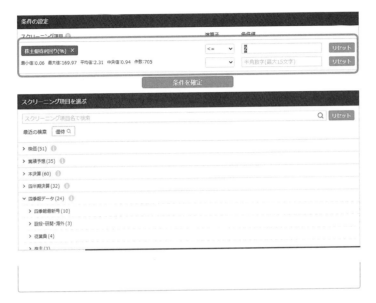

　条件を上記の四角部分で確定してから、最後に検索をクリックします。すると、次ページのような銘柄が検索されます。この時には、およそ 100 銘柄が検索できました。総合利回りの高い順から表示されています。

　次ページの銘柄は検索結果の一部ですが、一番右側には、優待品の概要も表示されるので便利です。

　ただし、「四季報オンライン」では、優待品を利回りに換算できないような優待もあるので注意が必要です。例えば、本書でも出てくる優待銘柄「梅の花（7604）」のような優待です。利回りについては〇％と表示されており、この優待カードを使用するお店や回数で、大きく異なるようになるからです。

●「四季報オンライン」検索結果の銘柄の一部

	銘柄コード ↕	銘柄名 ↕			市場 ↕	株価(円) ↕	当日 ↕ (%)	配当 利回り (今期) (%) ↕	優待 利回り (%) ↕	優待 権利 確定月
1	8093	極東貿易	ヒ	★	東1	2,468.0	-0.48	5.87	0.40	3月
2	9769	学究社	ヒ	★	東1	1,363.0	-0.72	4.76	0.73	3月
3	3467	アグレ都市デザイン	ヒ	★	東1	1,013.0	-1.26	4.34	0.98	3月
4	6419	マースグループHD	ヒ	★	東1	1,617.0	-0.91	4.32	0.61	3月
5	8008	4℃HLD	ヒ	★	東1	1,921.0	+0.15	4.32	1.04	2月
6	1419	タマホーム	ヒ	★	東1、福証	2,340.0	-0.88	4.27	0.42	5月、11月
7	3486	グローバルリンクM	ヒ	★	東1	853.0	+1.30	4.10	1.17	12月
8	8934	サンフロンティア不	ヒ	★	東1	1,025.0	-0.48	4.09	0.97	3月
9	7872	エステールHLD	ヒ	★	東1	659.0	+0.61	4.09	0.75	3月、9月
10	7877	永大化工	ヒ	★	J(S)	1,661.0	+0.06	4.06	0.30	3月
11	8871	ゴールドクレスト	ヒ	★	東1	1,728.0	-0.74	4.05	0.57	3月
12	1878	大東建託	ヒ	★	東1、名1	12,110.0	-1.38	3.89	0.08	3月、9月
13	4093	東邦アセチレン	ヒ	★	東1	1,158.0	+0.78	3.88	0.86	3月
14	8424	芙蓉総合リース	ヒ	★	東1	6,980.0	0.00	3.72	0.42	3月
15	4928	ノエビアHLD	ヒ	★	東1	5,600.0	+1.63	3.66	0.71	3月、9月
16	4635	東京インキ	ヒ	★	東2	2,194.0	+1.57	3.64	0.45	9月
17	7811	中本パックス	ヒ	★	東1	1,592.0	+0.95	3.64	0.62	2月
18	5184	ニチリン	ヒ	★	東2	1,649.0	-0.18	3.63	0.60	12月

	銘柄コード ↕			市場 ↕	株価(円) ↕	当日 ↕ (%)	配当 利回り (今期) (%) ↕	優待 利回り (%) ↕	優待 権利 確定月 ↕	
1	8093	ヒ	★	東1	2,468.0	-0.48	5.87	0.40	3月	金券
2	9769	ヒ	★	東1	1,363.0	-0.72	4.76	0.73	3月	金券
3	3467	ヒ	★	東1	1,013.0	-1.26	4.34	0.98	3月	金券
4	6419	ヒ	★	東1	1,617.0	-0.91	4.32	0.61	3月	食品、金券
5	8008	ヒ	★	東1	1,921.0	+0.15	4.32	1.04	2月	買物券、ファッ
6	1419	ヒ	★	東1、福証	2,340.0	-0.88	4.27	0.42	5月、11月	金券、継続保有
7	3486	ヒ	★	東1	853.0	+1.30	4.10	1.17	12月	金券
8	8934	ヒ	★	東1	1,025.0	-0.48	4.09	0.97	3月	旅行・宿泊、継
9	7872	ヒ	★	東1	659.0	+0.61	4.09	0.75	3月、9月	買物券、金券、
10	7877	ヒ	★	J(S)	1,661.0	+0.06	4.06	0.30	3月	金券
11	8871	ヒ	★	東1	1,728.0	-0.74	4.05	0.57	3月	金券
12	1878	ヒ	★	東1、名1	12,110.0	-1.38	3.89	0.08	3月、9月	金券、暮らし、
13	4093	ヒ	★	東1	1,158.0	+0.78	3.88	0.86	3月	金券、継続保有
14	8424	ヒ	★	東1	6,980.0	0.00	3.72	0.42	3月	金券、自社商品
15	4928	ヒ	★	東1	5,600.0	+1.63	3.66	0.71	3月、9月	ファッション、
16	4635	ヒ	★	東2	2,194.0	+1.57	3.64	0.45	9月	
17	7811	ヒ	★	東1	1,592.0	+0.95	3.64	0.62	2月	金券
18	5184	ヒ	★	東2	1,649.0	-0.18	3.63	0.60	12月	金券、継続保有

● 「四季報オンライン」の梅の花の優待詳細

株主優待情報　ご利用の際の注意点

優待の内容	飲食割引カード
権利確定時	4月、10月
優待内容カテゴリ	
優待利回り	- - - %

優待内容詳細

100 株以上	株主優待カード（自社グループ店舗こおける飲食料金の 5%・10%・20%割引・記名式）1 枚 ※割引率は店舗により異なる。テイクアウト店での利用不可、利用回数制限なし

　このような銘柄については、自分なりの優待の使用頻度と金額などを想定して、優待の価値を決める必要があります。そのうえで、総合利回り「（配当金÷優待価値）÷株価」を計算して、その優待銘柄に投資するのか否かの判断をすることになります。

② 優待銘柄の買い時とポートフォリオ投資の注意点について

　優待を行っている企業は、特定の日に株主名簿をチェックして優待品を送る株主を決めます。この特定の日を割当基準日 (権利確定日) と呼びます。年 1 回実施なら 1 年に 1 日、年 2 回実施なら 1 年に 2 回あることになります。

　権利確定日に優待を受けるために必要な株数を購入し、株主名簿に名前が載っていれば、その期の優待品を受け取れます。その日に名前が載らなければ、かつて株主であったとしても優待品は受け取れません。

　割当基準日は銘柄ごとに異なり、決算時期に合わせ 3 月または 9 月の最終営業日と定めている企業が多いようです。ごく一部で

すが、15日や20日など月末以外の特定の日付や任意の日とする会社もあるので、その会社のホームページで確認します。

　株主優待目的で株を買う時にお勧めしたい買い時は、短期目線では「権利確定日の数カ月前」です。そもそも、株主優待をもらうためには、権利付き最終日までに株を買う必要があります。
　例えば2021年6月末が権利確定日の会社の場合、2営業日前の6月28日までに株を買っておく必要があります。
　具体的な買い方ですが、四季報や株探などで買い候補の銘柄の業績を確認します。来期以降の業績予想がよい銘柄を選び、「配当利回り（％）」を計算します。
　計算式は「1株当たりの年間配当金額÷1株購入価格×100株」。

　次に優待利回り（％）を計算します。
　計算式は「優待品の換算金額（年間合計）÷優待をもらうのに必要な投資金額×100」。
　配当利回りと優待利回りを足して配当優待利回り（％）を出します。
　基本的には、株価をチェックしていて、「総合利回り」（配当＋優待を合わせた利回り）が4％以上になった際に買う銘柄候補になります。

　普段仕事でタイムリーに株価チェックをすることが難しいようなら、利回り4％以上の株価であらかじめ指値を入れておきます。約定しなくても、利回り的にその水準ではないのだから「まあ、いいか」「今回はそのタイミングではないのね」くらいに考え、次

のチャンスを待ちます。

＜ヒント＞ 総合利回りって何？

優待投資で、みんなが計算している「総合利回り」って
何なの？？

さらちゃん

ケロ先生

　　　　　そうだね。例えば、株価が 1000 円で、予想配当が 25 円、
優待の価値が 15 円あるとすると、以下の計算式で総合利回りが計算で
きるよね。

総合利回り＝（予想配当額＋優待価値）÷株価

例えば、KDDI と沖縄セルラーの総合利回りは、以下のようになるね。

KDDI（9433）：（125 円＋ 30 円）÷ 3450 円（株価）≒ 4.5％
沖縄セルラー（9436）：（164 円＋ 30 円）÷ 5010 円≒ 3.9％

面白いのは、日経平均の配当利回りが 1.8％くらいなのに、この 2 銘柄
は優待があるから、100 株投資した際の「総合利回り」が「4％」くら
いあるんだよね。

❸ 買うタイミングを誤ると大きく損をする可能性もある

　欲しい優待があっても、権利付き最終日にその優待銘柄を買う
のはお勧めしません。理由は、株主優待を提供している会社の株
価は、優待の権利確定日にかけて優待目的の買いが増え株価が
徐々に上がっていき、権利確定日を過ぎると大きく下がる傾向が

あるからです。

　優待と配当は手に入れたけど、それ以上に株価が下がったら、結局は損ということになります。高値づかみを避けるため、過去の権利落ち前後の値動きで買いタイミングを探ります。
　また、企業によっては株主優待を取得するために、「6カ月間」「1年間」といった継続保有期間を定めていることがあります。継続保有期間に株を持っていなかった場合、優待を受け取ることができません。株を購入したものの、あとから継続保有期間が定められていることに気づいて、株主優待を受けられなかったということがないよう、継続保有期間は確認しておきましょう。

　ムゲンエステート（3299）は100株以上で、優待に1000円のオリジナルクオカードがつきますが、継続保有期間は1年以上必要です。

●ムゲンエステートの優待詳細

クオカード

100 株以上	1,000 円相当
500 株以上	2,000 円相当
1,000 株以上	3,000 円相当

※1年以上継続保有の株主のみに贈呈

　また、私は家族がよく利用していたので、「あったら便利かも」と思い家族サービスのつもりで、吉野屋ホールディングス（9861）を購入しました。

　コロナ禍で外食産業が厳しい状況ということもあり割安に見えたのですが、優待権利落ち後に株価は元の水準に戻ってきてしまいました。よく雑誌で取り上げられている人気優待銘柄だから「何となくよさそう」「定番だから」という理由だけで、買うことがないようにしたいですね。

「この優待いいなあ」と思っていた優待銘柄が、突然何らかのカタリスト（材料）で動意づくことがあります。慌てて追いかけ買いをして、何日かしてまた元の株価に戻ってくることも少なくありません。「あーやっちゃったー」という苦い経験談をよく聞きます。

　人間は欲に目がくらんでしまう生き物ですから、そんな時はひと呼吸おいて「利回り」が適切だったかな？と自問自答してみることをお勧めします。

　上場企業は約 3800 社あると言われ、そのうち株主優待を行っている企業は約 1500 社あります（2020 年 10 月：net IR 調べ https://yutai.netir.ne.jp/content/detail/id=2563）。日々の株価に翻弄されず余裕をもって選んでいきたいですね。

　株主優待を出している企業の中には疑義注記（注：企業の事業継続に問題が生じた時、これを財務諸表などに注記すること）がついている銘柄もチラホラあります。購入後に突然優待廃止の憂き目を見ることがあるかもしれません。四季報や財務諸表を確認して、リスクのある銘柄は避けましょう。

　また、業績予想やチャート次第では、総合利回り４％以上という条件では、買ってはいけないタイミングもあります。これは、本章の最後で説明します。

4 世の中の景気がよくなり始めた時期に買おう

経済ニュースを見ると浮き沈みはあるものの、なぜか株価は順調に推移しています。「米国が好調だから」「日経平均採用銘柄の業績がよいから」などいろいろ語られています。ナゼの原因究明は専門家に任せるとして、上がっている波には乗っておいたほうが、資産も増やしやすいかなと思います。

2020年はコロナの影響を受けてほとんどの株価が下落しました。今、下落から戻り歩調で経済の回復とともに、企業業績が回復してきています。ふと周りを見回してみると、緊急事態宣言の頃と比べ、街の様子も変わってきています。コロナを機に新しいビジネスや業態を構築してきた企業もあります。

このように、これから回復の兆しが見えてきた企業を見つけて優待と配当金をもらいながら未来の果実の種まきをするのです。詳しくは、第7章をご覧ください。

5 できるだけ多くの銘柄に投資しよう

株式投資をしようと思い証券会社で口座を開設したけれど、さてどんな銘柄を買えばいいのか悩みますよね。まずは自分の預貯金の中から、必要な生活費を取り除いて、株式投資に振り分ける金額を決めてみましょう。サイトや証券会社のツール等で「株主優待検索」を使えば、優待内容や最低金額で、優待銘柄の検索ができます。

優待銘柄の中には、1日の出来高で、500株とか1000株というような銘柄もあります。

● 主な株主優待サイト
・MINKABU　https://minkabu.jp/yutai
・株主優待 NEWS
　https://media.rakutensec.net/ud/theme_simple/
　theme_code/kabuyutai

　その中から自分の資金量にあった優待銘柄を見つけてみましょう。自分が使いそうなもの、あっても困らないもの、好きなものから考えていくと選びやすいと思います。音楽をよく聴く人ならUSEN-NEXT ホールディングス（9418）、食べることが好きな人ならクリレスホールディングス（3387）など、興味を持てる業界から探してみてはいかがでしょう。そして「益利回りが相対的に高いことと、過去半年で益利回りが相対的に上昇したこと」「収益予想が上方修正された銘柄」「四季報や会社予想が今後も増加傾向」という視点でチェックしていきます。

　同じ業種や業界に偏りすぎると、その業界が大きなダメージを受けた時に、株価も大きく下落してしまいます。コロナ禍の時に外食産業や旅行、ホテル、レジャー施設関連の株価が下落しました。こういったことを避けるために、なるべく異なる業種やビジネスの銘柄を選びリスクを最小減にします。コロナ終息を見据え業績回復とともにまだ割安に放置されている企業があります。そんな企業を探してみましょう。なんだか宝探しみたいで楽しいです。

　優待投資は優待がもらえる最低単元を買い、分散投資をすることでその恩恵を受けることができます。また、株価が下がったら保有株数を増やして、優待内容が充実できるのも魅力です。加えて、優待銘柄でも 1 日の出来高が 3000 株くらいの銘柄だと、

1000 株でも売り切るのに時間がかかります。100 株という最低投資単位であれば、苦もなく処分売りもできるからです。

　コメダホールディングス（3543）は 100 株以上で年 2 回 1000 円のプリベイトカードがもらえますが、300 株以上保有で年 1 回 2000 円のプリベイトカードがもらえます。

　TOKAI ホールディングス（3167）は保有単元数によって優待品数が増えるのと、議決権行使をすると抽選で 500 円のクオカードがもらえます。システム情報（3677）は保有株数と保有年数に応じてクオカードがもらえます。加えて、抽選で 50 名に 10 万円の旅行券が当たります。

● システム情報の優待詳細

クオカード

100 株以上	500 円相当
1,000 株以上	1,000 円相当

※ 1 年以上 3 年未満継続保有の場合、金額は 2 倍、3 年以上は 4 倍

100 株以上	抽選で 50 名に 10 万円相当の旅行券

　銘柄選びの基本は、「配当＋優待」の利回りが 4 ％程度です。基本的な考え方は、桐谷さんが長い間やられていた方法で、優待銘柄を選ぶ基本的な方法になります。

6 利回りを預金等と比較してみる

「利回り」って何でしょう？

　私たちが銀行にお金を預けると増える利息に置き換えるとわかりやすいかもしれません。今、銀行の預金金利は、ネット銀行で0.15％です（2021年6月現在）。

　利回りは、投資金額に対する収益の割合のことを言います。

　先ほどの計算式を元にいくつか例を挙げてみます。

　例：AFC-HD アムスライフサイエンス（2927）

　　　配当利回り2.64％＋優待利回り4.22％

　例：トリドーホールディングス（3397）

　　　配当利回り0.34％＋優待利回り3.41％

　例：日本管財（9728）

　　　配当利回り2.30％＋優待利回り1.70％

　※計算が苦手な人は「楽しい株主優待＆配当生活」といったサイトを利用するのも手です。

　　https://www.kabuyutai.com/yutai/march38.htm

　毎月1つでも優待銘柄を買っていれば、何かしらの優待品が届きます。また、分散投資という意味でも多額を1つの銘柄に投資するよりも、10万円で数銘柄購入した方が楽しみも広がります。毎月届く自分へのプレゼントと思うと楽しいですね。

7 優待だけに目がくらまないように

　人気の優待券に、外食業の「食事券」があります。有効期限が定められていることがあり、使わずに失効してしまえばメリットを得られません（今はコロナ禍の特例で有効期限を延長する企業

もあります)。

　買い物や食事をする金額によっては使えない場合もあり、節約するつもりが、思わぬ出費になってしまうことも少なくありません。「レジャー施設」や「旅行関連の割引券」もシーズン中は利用不可のことがあるのであらかじめ確認しておくことをお勧めします。

　人気の株主優待券ですと、ネット上、あるいはチケットショップで売却できる場合もありますが、かなり割引されますし、あまり人気のない優待券は買い取りするチケットショップがないこともあります。

　また、人気の株主優待割引券でも、有効期限までの期間が短いと売れないことがあります。使うあてがない場合は、早めに売却したほうがいいでしょう。いつも優待券を使わないうちに失効させてしまう人は、自社製品（食品や飲料の詰め合わせ）などを送ってくる優待に切り替えたほうが良いかもしれません。製品を送ってくる優待ならば、メリットを取り損なうことがないと言えます。

　例えば、ライオン（4912）、カゴメ（2811）などは新製品を優待品として送ってもらえるので、ちょっぴり得した気分になりま。ビックカメラ（3048）と日本 BS 放送（9414）の優待品は同じですが、日本 BS 放送から送られてくる優待品は、使用期限がないのでずっと貯めておけて使いやすい優待です。

⑧優待銘柄にも売り時がある

　優待銘柄が開示情報で「優待廃止」や「優待改悪」が出ると、

たいていは翌日の株価は大きく下落します。持ち株だった場合、急な株価の下落は焦るものです。優待を気に入って購入しているのであれば、売り時かもしれません。

優待廃止では、例えばJPホールディングス（2749）の株主優待品は、次亜塩素酸水（300ml×2本セット）でしたが廃止が発表されました。エリアクエスト（8912）は、クオカードの株主優待を5カ月で廃止しています。

また、「株式分割」のニュースは株価上昇のきっかけになります。流動性が低く、購入額が高額になると、例えば1株を2株に分割することで売買単価を下げれば、流通量が増えることになります。

このように、株価が大きく動いた時にどうするか。かなり悩ましいのですが、優待がどうしても欲しいなら継続保有します。ニュースが出て株価上昇なら利益分と優待内容を天秤にかけて、どちらを選ぶか決断します。

株価下落の時は、保有理由と合わないならば売却するといった自分なりのルールを決めておきます。こういった判断も人それぞれですが、自分なりの「理由」があれば納得できます。

上場企業は四半期ごとに決算を出していますが、個別で株価が大きく動く原因として「企業業績の上下」があります。ほかにも「自社株買い」「株式分割、増配・減配など株主還元策」なども影響します。

例えば、神戸物産（3038）は業務スーパーを展開する卸売業の

会社です。近所にあり普段から私はよく利用しており、調べてみると自社店舗で使える1000円の商品券がもらえることがわかりました。

コロナ禍でも業績を堅調に伸ばし、気づいたら株価は7倍になっていました。株価上昇分から自分の買値を差し引いた金額が、継続保有した場合の「優待金額＋配当金」の何年分に相当するか検討し売却しました。

TAKARA & COMPANY（7921）はディスクロージャー大手で、有価証券報告書の作成が主な会社です。100株で保有期間が3年未満は1500円相当、3年以上になると2000円相当の商品をカタログから選べます。

私の好きな洗剤やお米、醤油など生活必需品があることと、配当利回りが2.5％あり購入しました。2020年にM＆Aを発表し株価が急激に上昇し、購入時の株価の2倍超にまで跳ね上がり売却しました。

その他の注意点として、今まで100株で優待がもらえたのに、「株式分割」で200株からと最低単位が変更になる場合もあります。優しい会社は分割しても100株優待を新設して、そのまま残してくれますが、その場合、今までよりも半分の投資額で同じ優待がもらえることになります。

例えば、サンネクスタグループ（8945）は保有期間が定められていますが、株式分割後も優待継続しています。

ブロードリーフ（3673）は100株から200株への株式分割後、優待を500株以上保有で5000円のクオカードに変更しています。この場合は売却するか、300株買い増しするか悩ましいところです。

チェンジ（3962）は株式分割を繰り返し、最低保有株数が800株になっています。

このように、自分の保有株を見て、「なんで200株になっているの？ 100株売っちゃおう」と売ってしまうと、優待がもらえないことになりかねません。売却する前にIR情報をしっかりと確認する必要があります。

最後になりますが、「四季報オンライン」などの業績予想で、経常利益が減少する予想がでたような際には売ってしまうか、または、ナンピンするような工夫が必要になります。この点は、この章の**11**（84ページ）で説明します。

9 配当が入金したら再投資しよう

配当とは、「会社が得た利益の一部を、株主へ支払うもの」です。事業がうまくいったお礼として、利益の一部を株主に配当という形で還元することがあります。一般的にはお金で還元することを配当、サービスや物として還元することを優待と呼びます。

日本の場合、配当は年に1回または2回実施する企業が大多数です。定期的に配当を出す企業は、投資家にとっては魅力的な投資対象と見られることがあるため、配当に力を入れている企業も多いのです。

実際に、3900社ほどある全上場企業のうち、配当を行っている企業は約3000社（2020年12月調べ）ほどとなっており、多くの企業で配当を受け取ることができます。その配当を実施している企業の平均的な配当利回りは約2％前後で推移しています。

配当金は1株当たりもらえる金額で計算します。例えば、1株

150円の配当金の場合100株（1単元）1万5000円の配当金になります。

　通常、受け取った配当は税率20.315％で課税されますが、NISA口座で株を買いつけた場合、受け取った配当は非課税になります。長期保有をして配当をもらい続ける投資の場合には、NISAや積立NISA口座をうまく活用するとよいでしょう。

　ある企業の株価が1株1000円で配当が1株50円だった場合、計算式に当てはめて考えると5％という利回りを算出することができます。

　異なる株価や配当だと配当の割りの良さを比較しにくいですが、利回りにしてみると容易に比較ができるようになります。

　例えば、次のような株式の中で配当が一番出ている企業はどこか考えてみます。

●会社A　株価1000円　配当30円
●会社B　株価2000円　配当50円
●会社C　株価500円　配当20円

　利回り計算式に当てはめてみると、上記の3社の配当利回りは以下のようになります。

●会社A　利回り3％
●会社B　利回り2.5％
●会社C　利回り4％

　1株当たりの配当金額でいえば会社Bが最も大きいですが、利回りにすると会社Cが最も大きくなります。この場合は金額

ではなく利回りで見たほうが、相対的な判断をする際には正確になります。株価と配当がバラバラの企業を比べる際には、利回りで比較するようにしましょう。

　ただ、配当利回りだけでやみくもに投資をしてしまうと、思わぬ損失を被ることもあります。配当目的で長期投資をするのであれば、配当利回りの良い企業を選ぶことは理にかなっているように思えます。しかし、配当利回りは業績によって変化することがあり、利益が減ったり業績が悪化したりすることで企業は減配する（配当を減らす）ことがあるのです。
　つまり、現在、高配当の株であったとしても将来的には高配当ではなくなる可能性も十分にあるということです。四季報や企業のIR情報などで今後の企業業績を確認しておく必要があります。

　この配当金を毎回、再投資することを繰り返すことで、**「複利」の効果**が生まれます。
「複利」とは、利子を再投資して翌年それに利子が付き、さらに翌年またそこに利子が付き、元本を雪だるま式に大きくする手法です。
　配当を再投資しない場合、株価が横ばいであれば、パフォーマンスも横ばいとなります。よって100万円の元本は株価が上がらない限り、ずっと100万円のままです。
　いっぽうで、配当を再投資した場合、長期でどんどん差が開いていきます。元本100万円を配当３％で再投資した場合、10年で134万円、20年で181万円、そして30年で243万円にまで膨れ上がります。
　仕事をしていても手間が少なく効率のよい資産の増やし方で

す。副業で収入を増やす方法もありますが、自分が寝ている時間もお金に働いてもらえますから、その分、自分の時間や大切な人との時間を有意義に使うことができるのです。

🔟 「四季報オンライン」を使った銘柄の具体的な分析方法

「四季報オンライン」を使って、あなたが探して面白いと感じた銘柄についての具体的な分析をします。そして、その銘柄を優待ポートフォリオ投資の銘柄として組み入れます。

例えば、藤久（9966）という優待銘柄を、実際に「四季報オンライン」で情報分析をしてポートフォリオに組み入れてみます。

①藤久がどんな銘柄かを知っておく

まずは、大まかに企業は何をやっているのかという部分で次ページの①部分を見ます。すると、「トーカイ」という毛糸や手芸用品のお店を展開する会社だとわかります。また、「優待あり」の印が社名のすぐそばにあるので、これで優待銘柄であることがわかります。

次に、②部分の株価と時価総額（会社全体の価値、株価×発行済み株数）をチェックします。この時点（2021年6月）で株価は833円で、藤久の時価総額は102億円ということがわかります。

最後に、業績がどうなっているのかを③部分で確認します。どうやらコロナ禍で業績は悪化していたのですが、これから回復していくような情勢となっていることが理解できます。

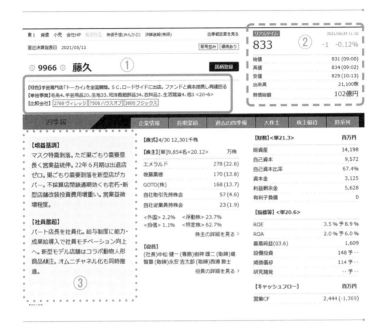

②業績予想を見る

　まずは、次ページの①部分で、この銘柄の売上がどのように推移しているのかを見ます。2020年6月までは、売上が伸びていましたが、今期（2021年6月期）と来期（2022年6月期）は売上の減少が想定されています。

　次に、②部分を見て、経常利益（通常の企業業務で得られる利益）がどのように変化しているのかを確認します。2019年6月には大きな経常赤字を計上していますが、2020年度（2020年6月期）から経常利益は黒字化して、今後は経常利益が大きく増えることが予想されており、業績面では問題のない良い銘柄だと理解できます。

ここで、来期（2022年6月期）の経常予想利益を見て、その10倍くらいの時価総額までは「お買い得な可能性がある銘柄」と判断します。時価総額は102億円（経常利益×12倍＝120億円）。

　最後に③部分を見て、1株当たりの利益と配当額を見ます。大切なのは今期と来期の配当予想で、これは「四季報オンライン」の予想になっています。配当予想は、今期、来期とも32円が想定されており、32円÷822円（株価）≒3.9％の配当利回りになります。

	① 売上高	営業利益	② 経常利益	純利益	③ 1株益（円）	1株配（円）
単18.6*	20,170	-772	-762	-1,540	-183.2	0
単19.6*	18,939	-1,532	-1,516	-2,919	-347.2	0
単20.6*	22,349	883	749	282	32.3	12.5
単21.6予	21,200	1,150	1,150	850	69.1	32
単22.6予	21,300	1,200	1,200	880	71.5	32
単20.7~12	10,899	965	970	823	67.0	12.5
単21.7~12予	9,300	400	400	290	23.6	12.5
単19.7~3*	15,230	-262	-342	-843	-100.3	
単20.7~3	16,296	1,191	1,201	987	80.3	
会21.6予	21,185	1,150	1,150	850	-	(21.2.15)

※単位は百万円、1株当たりは円

③優待内容を確認する

「四季報オンライン」の「株主優待」をクリックすると、優待内容の詳細が出てきます。それが次ページの画面になります。

　まず囲み部分を見ると、優待内容が説明されています。これは、トーカイという藤久が展開するお店で使える買物券がもらえるという記載です。

株主優待情報　ご利用の際の注意点	
優待の内容	買物券
権利確定時	6 月、12 月
優待内容カテゴリ	🎭 🎎
優待利回り	6.00%

優待内容詳細

100 株以上	2,500 円相当の優待券（500 円× 5 枚） 取扱店舗：「クラフトハートトーカイ」、「クラフトワールド」、「クラフトパーク」、「クラフトループ」、「サントレーム」 ※ 21 年 6 月のみ 500 株以上の株主には「シルバニアファミリー限定品」1 点を追加

写真は２０２１年６月の優待品。試作品のため
実際とは異なる場合があります

　毎年 6 月と 12 月の権利落ち日に 100 株保有している株主が、500 円× 5 枚 = 2500 円もの優待買物券をもらえます。年に 2 回もらえるので、合計で 5000 円相当の買物券になります。

　優待だけの利回りも約 6 ％と記載されています（5000 円÷ 833 円 ≒ 6.0％）。

　ここで、このような買い物券を使うかどうかも考える必要がありますが、必要なければ、「ヤフオク」などで換金してもいいでしょう。この買物券 2500 円のものが、約 8 割の 2000 円くらいで売買されているので、換金する方法もあるかもしれません（次ページ）。

④予想配当金と優待の合計利回り 4 ％程度あるか確認する

　②と③で確認した予想配当金に優待利回りを加えた金額を株価で割って、総合利回りを計算します。

藤久株主優待券　　　　　　　　　　　　　　　　　　　　　　　✕　　すべてのカテゴリ▼　🔍

現在の検索条件

すべて
2件

オークション
2件

定額
0件

キーワード：藤久株主優待券

この検索条件を保存

新着通知を受け取る

おすすめ順　∨　｜　50件表示　∨

対象商品

☐ 送料無料
☐ 新着
☐ 1時間以内に終了

∨ すべて表示

カテゴリ　　　　　∧

チケット、金券、宿泊予約

藤久　株主優待券　500円券　12…
現在 **4,000円** 即決 **5,000円**
入札 0　残り 1日
未使用

最新 藤久 株主優待券 2500円分 (…
現在 **2,000円** 即決 **2,500円**
入札 0　残り 6日
未使用

　32円×100株（3200円）＋5000円＝8500円

　8200円÷833円（株価）≒9.8%

　という、とても魅力的な利回りになることが確認できます。

　これであれば、配当金と優待価値を加えた総合利回りが9.8%もあり、基準としている総合利回り4％を大きく超えて、優待ポートフォリオ銘柄に繰り入れ銘柄としては合格となります。

⑤株価チャートを確認する

　次ページのチャートを見てください。株価チャートが下げトレンドの際には買ってはいけません。ただし、2020年3月頃に株価が底打ちをして、現在はチャートも矢印のように上昇トレンドとなっています。

　今後しばらくは株価の上昇も見込まれるという判断ができるので、株価チャートを見ても、この銘柄は優待ポートフォリオの銘

藤久 (9966) 約10年の月足チャート 東証1部

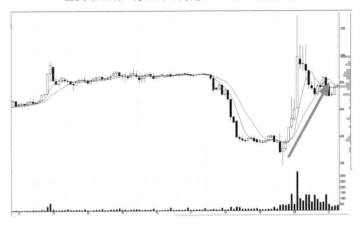

柄への組み入れは合格という判断をします。

⑥売り目標株価を設定する

　この銘柄を買うことを決めたら、あらかじめいくらくらい株価が上昇したら売るかも決めておきます。その際には、以下のような大まかな基準から売り目標株価を想定しておくと便利です。

> 基本ルール：日経平均のPER（1株当たり利益）が、14〜20倍くらいの際には、「時価総額が経常利益予想の10倍くらいになる株価を売り目標株価」とする。

　藤久であれば、経常利益予想が12億円なので、その10倍である120億円くらいになり、株価に換算すると、120億円÷発行済み株数（1億2300万株）÷975円が目安となります。
　もちろん、株価が975円になっても、総合利回りは8200円÷

＜ヒント＞ 日経平均との比較について

日本の株価指数の代表だと言われている日経平均株価と
個別優待銘柄の比較をするの？？

さらちゃん

ケロ先生

そうだね。2021年の7月の時点で、日経平均1株当たりの利益は2060円くらいなんだよね。これに税金なども考えて経常利益に換算すると、2700円くらいになるんだよ。今の日経平均は2万8000円くらいなので、これを経常利益で割ると、おおむね経常利益の10倍くらいが日経平均の株式市場での株価評価になるよね。

日経平均 PER PBR 30 営業日

日付	日経平均株価	日経平均（変化）	東証一部出来高（百万株）	日経平均PER	日経平均PBR	日経平均EPS	日経平均BPS	日経平均益回り	日経平均利回り
2021.7.8	28,118.03	-245.52	1,144	13.64	1.21	2,001.44	23,238.04	7.33	1.85
2021.7.7	28,366.95	-270.25	1,006	13.74	1.21	2,004.55	23,252.00	7.26	1.85
2021.7.6	28,643.21	+45.02	794	13.9	1.24	2,060.66	23,009.56	7.19	1.84
2021.7.5	28,598.19	-105.09	774	13.56	1.23	2,063.36	23,260.56	7.22	1.84
2021.7.2	28,783.28	+76.23	904	13.94	1.24	2,064.80	23,212.32	7.17	1.84

昨日計算した2銘柄の経常利益の倍率を見ても、10倍以下ということがわかるけど、日経平均と比較すると少し割安なんだよね。

KDDI（9433）：8兆円÷1兆300億円＝経常利益の7.76倍
沖縄セルラー（9436）：1300億円÷145億円＝経常利益の8.96倍

面白いのは、日経平均の配当利回りが1.8％くらいなのに、この2銘柄は優待があるから、100株投資した際の「総合利回り」が「4％」くらいあるんだよね。

優待投資って、こんなに美味しい銘柄への投資だということをよく知るといいよね……。

975円×100株＝8.4％もあるので、ずっと継続的に保有することも可能な銘柄です。ただし、継続的に優待を欲しがる個人投資家もたくさんいて、この株価に2割くらいの優待株プレミアムがつくことも多いので、そこから考えると975円×120％≒1200円くらいを売り目標株価として設定するのがいいでしょう。

また、次のようなルールで売り目標株価を設定する手もあります。これはカリスマ優待投資家桐谷さんも用いている方法ですが、株価が上昇するとともに総合利回りが下がっていくので、利回りが2％程度になったら売るというのを売りの目標株価とする方法です。

総合利回りが、2％程度になったら売るというルールを適用すると、次のようになります。

株価 (A)	配当金＋優待 (B)	総合利回り (B/C)	総合利回り』から 想定できる 株価に対するコメント
800円	8,200円	10.25％	安い
900円	8,200円	9.11％	かなり魅力的
1,200円	8,200円	6.83％	まだまだ魅力的な株価
1,500円	8,200円	5.46％	まだ、買ってもいいレベル
2,000円	8,200円	4.10％	そろそろ売り時
3,000円	8,200円	2.73％	売り時
4,000円	8,200円	2.05％	これ以上はない売り時

表のように計算をすると藤久の売り目標株価は4000円にもなり、現在の株価の4倍以上にもなったら売り時ということになります。

この売り時は、100株の最小単位の投資家の総合利回りのため生命保険会社などの大口の投資家には、優待などはほとんど利回りにならず無視される利回りであることを知って、売り目標株価を設定するといいでしょう。

🔟 いいタイミング、悪いタイミングでの買い時

2020年3月頃のコロナショック時に、カリスマ投資家桐谷さんが、YouTube動画で、ペッパーフードサービス（3053）が買い時だというようなことを発信していました。

同社の株価が新安値水準、株価約1200円まで下がり、総合利回りが5％以上にもなっていたからです。しかしながら、同社の株価は300円を割る水準にまで下がり続けました。一時期は、倒産するのではというような状況でもあったからです。

2020年3月の四季報春号では、いつ倒産してもおかしくないよ

2020年2集

優待 食事券又は自社商品

うな状況でした。

　業績は、2018 年 12 月期から下り坂であったのですが、コロナ禍でさらなる追い打ちを受けたような赤字となり、株価は桐谷さ

四季報		企業情報	長期業績	過去の四季報

【最終黒字】
いきなりステーキは店舗純減40程度（前期206減）。既存店は緊急事態宣言で上期軟調も、下期にかけコロナ影響徐々に薄まり上向く。不採算店整理効果も発現し、赤字縮小。営業外に助成金収入。

【実　験】
客数増にらみ3月から高単価ステーキの値下げ実験、結果次第では全国展開も。キッチンカーは都内SCやマンション下など出店モデルを複数実験。疑義注記。

【株式】4/30 37,184千株

【株主】[単]42,467名<20.12> 万　　万株

一瀬邦夫	340 (11.3)
S FOODS	246 (8.2)
一瀬健作	54 (1.7)
日本マスター信託口	47 (1.5)
マルゼン	31 (1.0)

<外国> 1.6%　　<浮動株> 52.7%
<投信> 1.1%　　<特定株> 28.4%

株主の詳細を見る >

【役員】
(社長)一瀬 邦夫 (副社長)一瀬 健作 (専務)
菅野 和則 (常務)芦田 秀満 (常務)猿山 博人

役員の詳細を見る >

業績

	売上高	営業利益	経常利益	純利益	1株益 (円)	1株配 (円)
単 18.12	63,509	3,863	3,867	-121	-5.9	30
単 19.12	67,513	-71	-34	-2,707	-129.0	15
単 20.12	31,085	-4,025	-3,904	-3,955	-164.3	0
単 21.12 予	**23,500**	**-400**	**400**	**100**	**2.7**	**0**
単 22.12 予	**27,500**	**900**	**850**	**300**	**8.1**	**0**
単 20.1 〜 6	18,462	-2,520	-2,448	-7,911	-8.1	0
単 21.1 〜 6 予	**10,000**	**-900**	**-150**	**-300**	**23.6**	**12.5**
単 20.1 〜 3	12,384	-949	-856	-8,137	-364.7	
単 21.1 〜 3	4,956	-485	-475	-407	-12.5	
会 21.12 予	**24,153**	**-364**	**217**	**54**	**-**	**(21.2.12)**

んが買いと言っていた時期から１年もしないうちに約４分の１まで下がっていきました。

　現状でも、まだ監査法人から企業継続についての疑義がつけられている状況です。株価チャートを見ると、ようやく最近になって買ってもいいかなという状態に転じてきています。

ペッパーフードサービス（3053）　約10年の月足チャート　東証１部

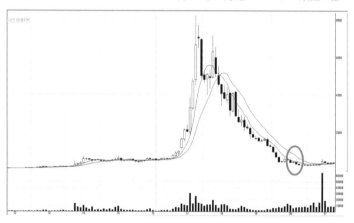

　上記チャートの○部分が、桐谷さんがこの銘柄を買ってもいいかなという意見を述べていた時期（株価約1200円）ですが、それから大きく下げて、一時期は200円台の株価となっていました。いわゆる倒産株価というレベルの株価でした。

　よく株式格言でいう『落ちるナイフをつかむな』ということをしてしまったことになるのです。落ちるナイフとは、下がり続けている銘柄を買うなという意味になります。

　私は、2021年６月に買って同銘柄を保有していますが、平均取得価格は、約300円となっています。

　以下の週足チャートのように、株価が底を打ったことや業績予想も上向いてきたので、優待をとろうかと考えて優待ポートフォリオ銘柄に組み入れています。

ペッパーフードサービス（3053）　日足チャート（2021年2月〜8月）　東証1部

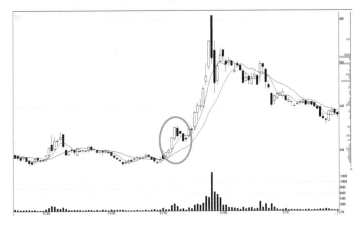

⑫「損切り」か「ナンピン」の方法

　先ほど説明したペッパーフードでは、業績の先行きも不透明な時期に買ってしまったら、大きく下がる前に売却して損切りするか、安くなった時点でナンピンをして、平均買値を下げることも選択肢になります。

　「四季報オンライン」での業績予想は、2021年新春号くらいまでは、経常赤字が続き事業継続の疑義がつくという状況となっており、損切りをすべき銘柄という判断になります。

　逆に、次に挙げるビックカメラ（3048）は、ナンピンという平均取得株価を下げる方法で対処するのが望ましいと考えられます。

●ビックカメラの業績予想（四季報2021年夏号）

	売上高	営業利益	経常利益	純利益	1株益（円）	1株配（円）
単16.8	779,081	22,006	23,067	11,985	65.9	12
単17.8	790,639	21,854	24,364	13,505	74.3	12
単18.8	844,029	27,055	29,241	17,122	93.7	20
単19.8	894,021	22,943	25,871	14,047	79.1	20
単20.8	847,905	12,066	14,690	5,450	31.0	13
単21.8予	**860,000**	**18,200**	**21,000**	**10,500**	**59.7**	**15**
単22.8予	**855,000**	**20,000**	**23,000**	**12,200**	**69.3**	**15〜20**
単20.9〜2	421,211	10,252	12,117	5,682	32.3	5
単21.9〜2予	420,000	8,000	11,000	5,000	28.4	5〜10
会21.8予	**866,000**	**17,700**	**20,500**	**10,200**	‐	（21.4.5）

※単位は百万円、1株当たりは円

　上記のように、今後の経常利益は増えるような予想となっているので、株価も現状を維持するか上昇していく可能性が高いとも判断できるからです。チャートを見ても株価は、上昇基調に転換しつつあるからです。

　また、現状でも、予想配当20円×100株＋優待商品券2000円（年間）＝4500円で、現状で1100円の株価なので、3.8％程度の利回りがあるからです。

　同社の優待は、100株の次にあるのは、次ページの表の通り500株なので資金が豊富にあれば、追加で400株をナンピンして、合計で500株にする方法もありかもしれません。ただし、総合利回りは低下するというデメリットもあります。

ビックカメラ（3048） 約 10 年間の月足チャート 東証 1 部

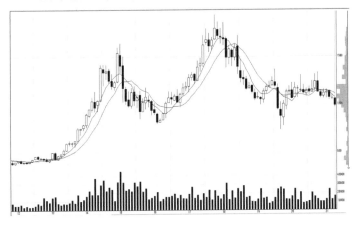

⦿ビックカメラの優待内容詳細

8月
買物優待券（1,000 円）

100 株以上	1 枚
500 株以上	2 枚
1,000 株以上	5 枚
10,000 株以上	25 枚

※ 1 年以上 2 年未満継続保有（株主名簿に連続 3 回以上 5 回未満記載）の株主には 1 枚、2 年以上
　 継続保有（連続 5 回以上記載）は 2 枚追加

2月
買物優待券（1,000 円）

100 株以上	2 枚
500 株以上	3 枚
1,000 株以上	5 枚
10,000 株以上	25 枚

⓭ 時価総額による優待銘柄の特徴

まず、時価総額（会社全体の市場での価値評価額）によって、優待銘柄を以下のように分類しましょう。

	時価総額	流動性（出来高）	優待銘柄数
超小型株	100億円未満	かなり少ない	多い
小型株	100億円以上～300億円未満	少ない	多い
中型株	300億円以上～3,000億円未満	比較的高い	ある程度ある
大型株	3,000億円以上～1兆円未満	かなり高い	少ない
超大型株	1兆円以上	かなり大きい	ほとんどない

①超小型優待銘柄と小型優待銘柄

超小型株と小型株の場合には、株主数が少ないケースが多いので、株主優待によって個人株主を多くしたという背景があります。また、消費者向けの商品などを製造や販売するような会社であれば、商品などを広く知ってもらえるというメリットがかなり大きいというレベルです。

優待目的などで株主となった個人投資家は、短期の個人トレーダーとは異なり、案外長期保有することが多いので、株価が安定もするというメリットを活かせるという面から、会社側が個人投資家を優待するメリットも大きいのです。

超小型株の場合には、株式市場での評価がかなり低い銘柄も多く、倒産リスクを覚悟して投資をしなければならない銘柄もあり、また、出来高が数日間まったくないようなケースもあって大きなリスクを伴う可能性があります。

郵便はがき

料金受取人払郵便

牛込局承認

8036

差出有効期限
令和5年5月
31日まで

162-8790

東京都新宿区揚場町2-18
白宝ビル5F

フォレスト出版株式会社
愛読者カード係

||ו|וּ|ّ|וııı|ı||ּ|ّّ|ّ|ّ|ّ|ّ|ّ|ّّ||ıı|||

フリガナ	年齢　　　　歳
お名前	性別（　男・女　）

ご住所　〒

☎　　　（　　　　）　　　　FAX　　　（　　　　）

ご職業	役職

ご勤務先または学校名

Eメールアドレス

メールによる新刊案内をお送り致します。ご希望されない場合は空欄のままで結構です。

フォレスト出版の情報はhttp://www.forestpub.co.jpまで!

フォレスト出版　愛読者カード

ご購読ありがとうございます。今後の出版物の資料とさせていただきますので、下記の設問にお答えください。ご協力をお願い申し上げます。

● ご購入図書名　　「　　　　　　　　　　　　　　　　　　　」

● お買い上げ書店名「　　　　　　　　　　　　　　」書店

● お買い求めの動機は?
　1. 著者が好きだから　　　　　2. タイトルが気に入って
　3. 装丁がよかったから　　　　4. 人にすすめられて
　5. 新聞・雑誌の広告で(掲載誌誌名　　　　　　　　　　　)
　6. その他(　　　　　　　　　　　　　　　　　　　　　)

● ご購読されている新聞・雑誌・Webサイトは?
　(　　　　　　　　　　　　　　　　　　　　　　　　　)

● よく利用するSNSは?(複数回答可)
　□Facebook　　□Twitter　　□LINE　　□その他(　　　)

● お読みになりたい著者、テーマ等を具体的にお聞かせください。
　(　　　　　　　　　　　　　　　　　　　　　　　　　)

● 本書についてのご意見・ご感想をお聞かせください。

● ご意見・ご感想をWebサイト・広告等に掲載させていただいても
　よろしいでしょうか?
　　□YES　　　　　□NO　　　　□匿名であればYES

あなたにあった実践的な情報満載! フォレスト出版公式サイト

http://www.forestpub.co.jp　[フォレスト出版]　[検索]

特に、時価総額が 50 億円以下の銘柄については優待銘柄であっても、手を出さないほうが無難です。

小型株の場合には、何等かのビジネスに追い風が吹いたりすると業績が大きく改善していくこともあり、株価がかなり高くなるという投資家にとってのメリットもあります。

ただし、ビジネスの基盤があまり強くなく、株式市場で真っ当な評価がされていない時価総額が 100 億円以下、とりわけ 30 億円以下になっている優待銘柄については、倒産などのリスクも高く気をつける必要があります。

また、時価総額が中型株だったものが、株価が下がって時価総額が 300 億円以下になっている企業は、業績が大きく悪化して株価が下がっている銘柄も多いので、このような企業への優待ポートフォリオへの組み入れは注意が必要です。

さらに、出来高がかなり少ない銘柄も多いので、個人投資家も最低投資単位の 10 倍から 20 倍のポジションを持つと、保有株を売ろうとする際には、かなり時間がかかるというデメリットもあります。

②中型優待銘柄

中型株となると、上場して 30 年経ったある程度歴史のある企業なども数多くあります。この規模の優待企業でも、個人投資家を増やして株主数を増やすという努力をしないといけない企業もたくさんあります。

こうした背景もあり、国内消費者向けの商品の製造や販売をしている企業の多くが優待券をつけて国内の個人投資家をもてなしているような状況になっています。実際には、ある程度安定した

事業基盤を持っている状況になっているので、安心して長期保有を継続できるメリットがあります。

③大型優待銘柄

　大型株になると、ある程度、一般にも知られた名前の会社が多く存在します。機関投資家などの投資対象ともなっており、株主数などを増やすために優待をつけるようなことはしないのが通常です。

　しかしながら、個人投資家数などよりも顧客となる個人投資家にお店などへ来てほしいというような意図から優待券などを出しているので、中型株や小型株のような意図はかなり低い会社が多いと考えられます。

④超大型優待銘柄

　超大型株は、グローバルな輸出関連企業が多く、外国人の多くが投資をしている銘柄が多いので、超大型株の優待銘柄はかなり少ないのです。ただし、セブン＆アイ・ホールディングス（3382）のような小売業を営む企業では、優待券などを出している企業があります。

　このような銘柄は、大きく株価を上げるようなこともありませんが、大きくも下がらないし、よほどのことがない限りは、優待を廃止や改悪する可能性が低いので、安心して長期保有が可能です。大型株も同じようなものが多いのですが、超大型株よりも、株価の値上がりが期待できるという面で異なるかもしれません。

　以上、時価総額という背景を知っておいて投資をすると、結果が大きくことなります。例えば、何からの追い風が吹いて、小型

株でも業績が大きく改善して、株価が大きく上がる状況になると、出来高も大きく増えていくので、最低投資単位の100株よりも10倍の1000株、場合によっては、100倍の1万株くらい保有していても、簡単に全部処分ができることがあります。

　一方、大型株や超大型株であれば、株を売ろうと思った際に、ほとんど苦労することはありません。1万株でも場合によっては、10万株でも瞬時に市場価格で売ることが可能になります。

　このような時価総額による優待の背景などを知って、できるだけ分散投資をして優待ポートフォリオを作ると、楽しみながら優待ポートフォリオ投資で儲けられることになります。

＜ヒント＞ 時価総額について

さらちゃん

ケロ先生は、優待銘柄の株価よりも時価総額の話をするけど、
どういうことなの？？

ケロ先生

　　　　　　そうだね。株式投資の初心者は株価は見ているけど、会社全体
の値段というか時価総額については、無頓着な投資家が多いんだよね。

時価総額は、以下の式で計算ができるけど、簡単に言えば、会社全体の価
値のことなんだ。株価というのは、1株当たりの価値であって会社全体の
価値は示していないんだよね。

発行済み株式数×株価＝時価総額（会社全体の価値）

だから、株価＝時価総額÷発行済み株式数ということになるよね。

例えば、優待銘柄でもKDDI（9433）であれば、時価総額は約8兆円に
もなっているけど、同業の沖縄セルラー（9436）の時価総額は1300億
円の価値しかないんだよ。株価は、KDDIが3400円くらいで、沖縄セル
ラーが約5000円と、KDDIの1.5倍くらいあるんだけど、実際の会社の
時価総額は、断然KDDIのほうが大きいんだよね。

株式投資の初心者は、時価総額のことをよく知らないんだよね……。

第4章

値上がり益をとる
優待ポートフォリオと
売るタイミング

積極的に値上がり益を取る
ポートフォリオ戦略

　これまでは、第1章に記載したサンプルポートフォリオのように、基本的には優待を楽しみながら長期的な値上がり益をとっていこうというような優待ポートフォリオ投資術を紹介しました。

　この章では、もう少し積極的に値上がり益を得るような優待株のポートフォリオを考えてみましょう。値上がり益を狙うということは、同時に値下がりのリスクも高まることになります。この点は、投資家の個性にあったポートフォリオというのが最適になります。

　私は、元来が成長株投資家なので、かなり積極的に値上がり益をとるような優待ポートフォリオを想定しています。例えば、次ページのようなポートフォリオになります。当初の投資金額は400万円くらいになりますが、3年くらいこのポートフォリオを寝かせておいて、2倍くらいの価値のあるポートフォリオになることを想定しています。

　ポートフォリオの平均利回りは、2.47％と、優待ポートフォリオの標準的な利回りの約4％と比較すると、かなり低い利回りとなりますが、今後の企業成長が期待される銘柄群で構成されています。

　また、約100万円の手元資金（現金）がありますが、このポートフォリオの銘柄が大きく下がった場合には、ナンピンするためや、大きく値上がりしそうな銘柄の追加投資の資金として温存しておくことを想定しています。

◎ ポートフォリオ銘柄例

証券コード	優待銘柄名	投資株数	投資金額	配当金	優待の価値	配当金と優待合計利回り	優待品
6191	エアトリ	500	¥1,435,000	¥5,000	¥16,000	1.5%	優待ポイント
7604	梅の花	100	¥128,000	¥0	¥20,000	15.6%	飲食料金割引カード
2927	AFCHD アムスライフサイエンス	500	¥496,000	¥7,500	¥10,000	3.5%	割引券
3252	日本商業開発	300	¥552,000	¥15,000	¥6,000	3.8%	クオカード
2157	コシダカ	100	¥62,700	¥4,000	¥2,000	9.6%	優待券
7809	壽屋	100	¥226,300	¥4,000	¥1,000	2.2%	クオカード
9966	藤久	100	¥83,200	¥3,200	¥5,000	9.9%	買い物券
AAA	手元現金		¥1,016,800				
株式合計		1,700	¥2,983,200	¥38,700	¥60,000	2.47%	

◎ ポートフォリオ比率

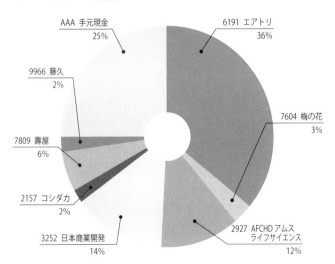

AAA 手元現金 25%

6191 エアトリ 36%

9966 藤久 2%

7604 梅の花 3%

7809 壽屋 6%

2157 コシダカ 2%

3252 日本商業開発 14%

2927 AFCHD アムスライフサイエンス 12%

1 ポートフォリオにエアトリを組み入れる

　エアトリ（6191）は、格安航空券を取るためのサイトを運営しています。「四季報オンライン」の情報をとると、以下のような記載があります。

直近決算発表日　2021/05/14	大幅増額	優待あり	**2,872**	-138　-4.59%

				始値	2,971 (09:00)

◎ **6191** ◎　**エアトリ**　　　　　　　　　　銘柄登録

【特色】航空券予約サイト『エアトリ』運営。子会社にまぐまぐ。オフショア開発や投資事業も展開
【連結事業】オンライン旅行86(-40)、ITオフショア開発11(0)、投資3(-44)、他0(0)【海外】10 <20・9>
【比較会社】 9603 HIS 6030 アドベンチ 3926 オープンドア

四季報	企業情報	長期業績	過去の四季報	大株主	株主優待	時系列

【急改善】
エアトリは国内旅行が改善基調。人件費など固定費減り、前期の減損もない。一部子会社の連結除外に伴う評価益計上。投資事業も新規上場あり改善。後半エアトリ広告費投入でも増益幅拡大。22年9月期は国内旅行回復、後半海外底入れ。

【備　え】
海外旅行復活に備え、ヘルスケア等にシフトしていた人員を徐々に復元。サイト改善や動画などネット広告投入も。

【株式】4/30 21,418千株	
【株主】[単]10,901名<21.3>	万株
大石崇徳	636 (29.7)
吉村ホールディングス	282 (13.1)
日本カストディ信託口	128 (6.0)
日本マスター信託口	69 (3.2)
日本カストディ証券投資信託口	45 (2.1)
<外国> 11.5% <浮動株> 19.9%	
<投信> 11.6% <特定株> 62.3%	
株主の詳細を見る >	

【役員】
(社長)柴田 裕亮 (会長)大石 崇徳 (取締)吉村 英暁 (取締)王 伸 (取締)二井矢 祥
役員の詳細を見る >

【財務】<◇21.3>	百万円
総資産	21,515
自己資本	4,544
自己資本比率	21.1%
資本金	617
利益剰余金	2,812
有利子負債	8,895

【指標等】<◇20.9>	
ROE	-28.0% 予 36.8%
ROA	-39.6% 予 7.8%
最高純益(18.9)	844
設備投資	793 予 -
減価償却	1,608 予 -
研究開発	0 予 -

　エアトリ（6191）は航空券のネット予約サイトの運営をしており、コロナ禍で業績が大きく落ちた銘柄の1つでした。現在、JALやANAのような航空会社の株価も戻り基調ですが、エアトリ優待ポイントを使って、航空券の予約ができるという便利な優待です。

　業績予想も次ページのような状況なので、今後コロナ禍が過ぎ去れば、大きく儲かる可能性を秘めた優待銘柄なのです。ただし、500株買わないと優待ポイントがもらえないので大きな額を投資

● エアトリの業績予想

	売上高	営業利益	経常利益	純利益	1株益 (円)	1株配 (円)
連 16.9	4,000	618	571	340	22.2	0
連 17.9	5,534	730	695	420	25.1	7
◇ 18.9	12,426	1,142	1,128	844	48.5	10
◇ 19.9	24,306	680	588	733	39.1	10
◇ 20.9	21,241	-8,994	-9,190	-8,692	-433.8	10
◇ 21.9 予	19,000	2,600	2,540	1,670	78.0	10
◇ 22.9 予	26,500	3,200	3,200	2,100	98.0	10
◇ 20.10～3	11,202	2,001	1,955	1,286	61.9	0
◇ 21.10～3 予	12,500	1,500	1,500	950	44.4	0
会 21.9 予	19,000	2,600	2,540	1,672	-	(21.5.31)

※単位は百万円、1株当たりは円

する必要があります。

　表を見ると、2022年9月期には経常利益が史上最高益を更新する見通しとなっています。時価総額は615億円と、すでに経常利益予想の20倍近くになっており、かなり割高な銘柄となっています。しかしながら、成長株という売上と経常利益が大きく増えている銘柄となっているので、私は組み入れています。

　次に同社の株価チャートをチェックします。

　次ページのチャートを見ると、2020年3月に株価は底打ちして、矢印のように上昇トレンドに転換しています。同社の業績も史上最高益を更新するような状況となっており、株価も史上最高値を更新できそうな状況となっています。

　このような成長期の銘柄については、経常利益予想の30倍程度の株価も想定されます。成長期の銘柄については強気の目標株価の設定が可能なのです。この30倍という数値は、日本やアメ

エアトリ（6191）約6年の月足チャート　東証1部

リカの成長株の標準的な経常利益倍率を適用しています。

　経常利益予想 32 億円 × 30 倍 = 960 億円となり、株価に換算すると、960 億円 ÷ 21418 千株 ≒ 4480 円くらいが想定されます。

　逆に、業績予想が想定よりも悪い場合には、株価が下がるリスクが高い銘柄ですが、その場合には、業績を見ながらナンピンをすることも想定しておくべき銘柄です。

❷ ポートフォリオに梅の花を組み入れる

　梅の花（7604）の優待は、同社グループレストランで、割引が受けられる優待です。1 人で梅の花のレストランへ行って、最大 20％の料金割引を受けられるような優待です。今後、日本の景気が回復して、中級のレストランである梅の花がにぎわうようになれば、必ず業績が大きく回復することが想定されます。

　「四季報オンライン」の最新業績予想では、2023 年 4 月期には

● 梅の花の業績予想

	売上高	営業利益	経常利益	純利益	1株益(円)	1株配(円)
連 21.4	21,603	-2,252	-2,396	-1,921	-239.9	0
連 22.4 予	26,000	-800	-900	-1,000	-121.8	0
連 23.4 予	30,000	200	100	50	6.1	0

※単位は百万円、1株当たりは円

梅の花（7604）　約10年の月足チャート　東証2部

黒字転換が想定されています。

　上記のチャートを見ても、2021年1月に大底を付けて、株価は上昇トレンド（矢印）に転換しています。このようなチャートは将来的には、大きく上がることを示唆していることが多いものです。

　梅の花の優待は、同社の運営するレストランで何度でも使える割引券で、たくさん使えば使うほど、お得になるので近所に同社系列のレストランがあれば、最高の優待銘柄かもしれません。

● 梅の花の優待詳細

株主優待情報　ご利用の際の注意点

優待の内容	飲食割引カード
権利確定時	4月、10月
優待内容カテゴリ	🍴
優待利回り	- - - %

優待内容詳細

100 株以上	株主優待カード（自社グループ店舗こおける飲食料金の 5%・10%・20%割引・記名式）1 枚 ※割引率は店舗により異なる。テイクアウト店での利用不可、利用回数制限なし

＜ヒント＞ 成長株って何なの？

優待投資でも成長株があるって聞いたけど、いったい何なの？？

さらちゃん

ケロ先生

　　　そうだね。優待銘柄でも売上が大きく増えて、経常利益も大きく増える時期にある銘柄のことを「成長株」と言うんだよ。そのような銘柄の事業には、なんらかのブームが起こったりして、ビジネスに追い風が吹いていることが多いね。

面白いのは、株価も日経平均株価に比較するとかなり割高になっていたりするんだよ。例えば、日経平均は経常利益の 10 倍くらいの時価総額だけど、20 倍くらいの銘柄もあるし、場合によっては 50 倍にもなる銘柄があるよ。

例えば、2018 年頃に、海外からの旅行者が爆買いした日本の化粧品銘柄があるよね。資生堂（4911）、ノエビア（4928）とかコーセー（4928）の化粧品などが挙げられるよ。

❸ ポートフォリオに日本商業開発を組み入れる

日本商業開発（3252）は、ショッピングセンターなどの開発を行っている不動産業者です。

●日本商業開発の業績予想

	売上高	営業利益	経常利益	純利益	1株益（円）	1株配（円）
単 18.3	31,260	3,684	3,044	1,958	109.6	55
単 19.3	39,834	4,446	4,327	2,684	149.3	55
単 20.3	74,187	5,244	4,599	3,177	174.6	55
単 20.12 変	29,886	2,420	2,157	1,644	89.9	25
単 21.12 予	**51,000**	**5,600**	**4,500**	**3,100**	**169.5**	**50**
単 22.12 予	**52,800**	**5,800**	**4,700**	**3,200**	**175.0**	**50 ～ 55**
単 20.4 ～ 9	18,496	1,637	1,453	1,196	65.5	0
単 21.1 ～ 6 予	38,000	3,300	2,700	1,800	98.4	0
単 21.1 ～ 3	20,958	2,308	2,366	1,729	94.6	
会 21.12 予	**51,000**	**5,400**	**4,200**	**2,900**	-	**(21.2.10)**

※単位は百万円、1株当たりは円

コロナ禍で、2021年度は業績が落ち込んでいましたが、今期（2021年12月期）から業績が回復軌道に乗ることが予想されています。

次ページのチャートを見ても、横ばいを続けており、業績が改善してくれば、株価の史上最高値も期待できるような状況となっています。売上高は増加傾向が続いているので、今後が期待できそうな状況と考えられます。

また、同社の優待は、300株が優待をもらえる最低単位の投資株数なので、この点は気をつけないといけません。

日本商業開発（3252）　約6年の月足チャート　東証1部

●日本商業開発の優待詳細

株主優待情報　ご利用の際の注意点

優待の内容	商品
権利確定時	6月、12月
優待内容カテゴリ	🏠🍴
優待利回り	--- %

優待内容詳細
商品

300株以上	3,000円相当
700株以上	6,000円相当

※株主優待品カタログ（ジェフグルメカード・名産品等）より1点選択
※優待品に代えて社会貢献活動団体等への寄付選択可

　面白いのは、いろいろな飲食店で割引が使える「ジェフグルメカード」などもカタログギフトの対象となっていることです。ま

た、場合によっては、寄付金として使うこともできるというメリットもあります。

4 ポートフォリオに壽屋を組み入れる

壽屋（7809）は、アニメの主人公のフィギュアなどを製造して販売する会社です。業績は、今期（2021年6月期）には、マンガ『鬼滅の刃』のフィギュアの大ヒットで、史上最高益が想定されています。

● 壽屋の業績予想

	売上高	営業利益	経常利益	純利益	1株益（円）	1株配（円）
単 18.6	8,811	680	615	419	159.5	30 記
単 19.6	8,294	272	244	137	50.2	30
単 20.6	7,374	228	231	75	28.0	15
単 21.6 予	**9,300**	**850**	**850**	**590**	**227.7**	**40**
単 22.6 予	**8,700**	**700**	**680**	**440**	**169.8**	**30 ~ 40**
単 20.7 ~ 12	4,202	395	396	271	101.0	0
単 21.7 ~ 12 予	4,100	200	200	80	30.9	0
単 19.7 ~ 3	5,027	-97	-119	-98	-36.6	
単 20.7 ~ 3	6,802	768	782	537	200.8	
会 21.6 予	9,300	850	850	590	-	(21.5.13)

※単位は百万円、1株当たりは円

上記のように、2022年6月期の経常利益が、2021年6月期の予想よりも減益になっているところが気がかりです。『鬼滅の刃』のフィギュアによって大きく伸びた経常利益が、来期については、不透明が漂っているようです。

このような業績予想となっていますが、時価総額は64億円と、

来期の経常利益予想の10倍程度なので、大きく株価が下がる心配が少ない銘柄とも判断できます。

次に株価を見てみましょう。上場したのが2017年なので、比較的安定した値動きをしています。

壽屋（7809）　約4年の月足チャート　ジャスダック

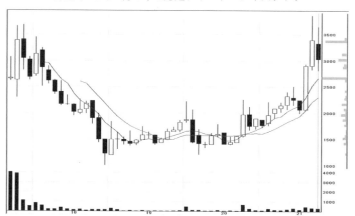

上記チャートを見ても、株価が上昇トレンドを維持しています。また、何らかのマンガなどのキャラクターフィギュアの大ヒットでもあれば、株価が大きく上がる可能性もありそうです。

「配当＋優待」の総合利回りが2.21％と3％近くあれば、かなりいい優待銘柄となる可能性を秘めていますが、マンガのフィギュアのファンであれば、長期保有しても面白い銘柄かと想定しています。

あまり大きな株価上昇は期待できない銘柄かもしれませんが、業績は比較的安定しており、3年以上の保有にも適した銘柄かもしれません。過去の株価を見ても、3000円くらいの株価が見込まれる銘柄です。

以上、中心に組み入れたポートフォリオを検証していきましたが、そのほかの組み入れ銘柄については、総合利回りが４％を超えている優待銘柄であり、利回りと優待券を楽しむために組み入れた銘柄となります。

優待銘柄の売り時について

優待ポートフォリオの個別銘柄の売り時についは、基本的には、次のような点を勘案して売り時を考えます。

A. 優待利回りが４％程度の高利回り優待銘柄の売り時
　①株価が大きく上昇して、総合利回りが２％程度となった場合
　②業績の悪化などで、配当が減額になりそうな場合
　③優待の廃止や優待条件の改悪が想定される場合

①の条件を満たすケースとしては、株価が1000円で購入した優待銘柄で、1000円の時点では４％の総合利回りがあったものが、株価が2000円まで上昇して、総合利回り２％まで下がってしまったようなケースが想定されます。

②の条件を満たすケースは、これまで40円の配当があったものが、業績の悪化で10円に減配になり、優待自体も廃止されるようなケースが想定されます。

B. 総合利回りが、２〜３％程度の優待銘柄の売り時
　①株価が大きく上昇して、総合利回りが１％程度となった

場合

　②株価が大きく上がってかなり割高感が強くなり、株価が
　　13週の移動平均線を割りそうな場合、26週の移動平均
　　線を割る前には必ず売却する

　③業績予想の悪化が明確になった場合

　①の条件を満たすケースとしては、株価1000円だったものが、2500円くらいまで株価が上昇して、総合利回りが1％程度まで下がったような場合。②の条件を満たすケースとしては、以下のような週足チャートから判断をします。

資生堂（4911）　約5年の週足チャート　東証1部

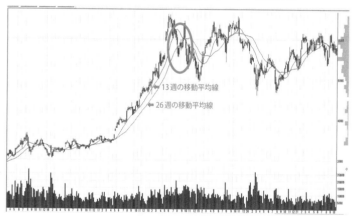

→13週の移動平均線

→26週の移動平均線

　チャートの丸部分あたりが、資生堂の株価で13週の移動平均線と26週の移動平均線を割るあたりになるので、この辺りで売却をするという判断をします。2000円くらいで買って7500円程度の処分売りすることになるので、同社の株価は約3.5倍になり、十分な値上がり益をとることができます。

<ヒント> 移動平均線って何？

優待ポートフォリオ投資では、13週の移動平均線や26週の移動平均線を
チェックしなさいというけど、そもそも移動平均線って何なの？？

ケロ先生

さらちゃん

　　　　そうだね。移動平均線とは、ある一定の期間、例えば、５週間と
かの株価の終値の平均値で結んだグラフなんだよ。

例えば、10週間の株価の終値が、１週目が100円、２週目が105円、３週
目が110円、４週目が105円、５週目が120円、６週目が110円、７週目
が130円、８週目が140円、９週目が135円、10週目が130円というふ
うな株価になったとすれば、以下のように計算するんだよ。

①５週目の移動平均値

　（100円＋105円＋110円＋105円＋120円）÷５週間＝108円

②６週目の移動平均値

　（105円＋110円＋105円＋120円＋110円）÷５週間＝110円

③７週目の移動平均値

　（110円＋105円＋120円＋110円＋130円）÷５週間＝110円

これを繰り返して、10週目までの移動平均値を折れ線グラフ化していくと、
５週の移動平均線になるんだよ。

ここで株価の分析に使う13週の移動平均線は、１カ月は4.2週でできている
から、約３カ月（13週÷4.2≒３カ月）の株価の平均値を示す折れ線グラフ
になるし、26週の移動平均線は、約６カ月（26週÷4.2≒６カ月）の株価
の平均値を示す折れ線グラフになるよね。

移動平均線は、株価の方向性（トレンド）を見るのに役に立つんだよ。

次にノエビアホールディングス（4928）の週足チャートを見てみましょう。ここでも同様のことが言えます。

ノエビアホールディングス（4928）　約5年の週足チャート　東証1部

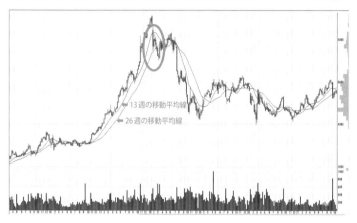

　チャートの13週の移動平均線で、およそ3カ月間の株価の平均価格を示しています。26週の移動平均線で、約半年間の株価の平均線となっています。

　③業績予想の悪化が明確になった場合には、株価は下げトレンドになっていることも多いので、3カ月ごとに改定される可能性のある「四季報オンライン」の業績予想が引き下げられるようなケースは、多くの場合に売り時となります。
　株価の高いところで買ってしまうと「損切り」しなければならなくなります。例えば、トリドールホールディングス（3397）の業績予想が引き下げられたタイミングの四季報の経常利益予想を見てみましょう。

（A）トリドール業績予想（四季報 2018 年春号）

【業績】(百万円)	売上高	営業利益	税前利益	純利益	1株益(円)	1株配(円)	【配当】	配当金(円)
◇15. 3	87,294	4,175	3,614	1,982	48.8	10	13. 3	16.5
◇16. 3	95,587	8,733	8,117	5,212	120.6	24	14. 3	8
◇17. 3	101,779	8,619	8,466	5,631	129.9	26	15. 3	10
◇18. 3予	114,000	8,900	9,000	6,000	138.1	26.5~27.5	16. 3	24
◇19. 3予	137,000	11,500	11,600	7,600	174.9	30~35	17. 3	26
中17. 9	56,038	4,421	4,415	3,006	69.3	0	18. 3予	26.5~27.5
中18. 9予	67,000	5,700	5,700	3,700	85.2	0	19. 3予	30~35
四16. 4-12	76,411	7,001	6,983	4,715	108.8		予想配当利回り	0.70%
四17. 4-12	84,612	6,127	6,091	3,977	91.6		1株純資産(円)〈◇17.12〉	
会18. 3予	112,233	8,851	8,993	5,970	(17.11.13発表)		859.3 (788.4)	

2018年2集

（B）トリドール業績予想（四季報 2018 年夏号）

【業績】(百万円)	売上高	営業利益	税前利益	純利益	1株益(円)	1株配(円)	【配当】	配当金(円)
◇14. 3	78,318	2,643	2,374	975	24.8	8	13. 3	16.5
◇15. 3	87,294	4,175	3,614	1,982	48.8	10	14. 3	8
◇16. 3	95,587	8,733	8,117	5,212	120.6	24	15. 3	10
◇17. 3	101,779	8,619	8,466	5,631	129.9	26	16. 3	24
◇18. 3	116,504	7,635	7,175	4,665	107.4	26.5	17. 3	26
◇19. 3予	153,200	9,870	9,400	6,510	149.8	30	18. 3	26.5
◇20. 3予	177,000	10,500	10,000	6,970	160.4	30	19. 3予	30
中17. 9	56,038	4,421	4,415	3,006	69.3	0	予想配当利回り	0.93%
中18. 9予	75,600	5,920	5,650	3,700	85.2	0	1株純資産(円)〈◇18. 3〉	
会19. 3予	153,213	9,865	9,399	6,515	(18.5.15発表)		834.1 (788.4)	

2018年3集

（C）トリドール業績予想（四季報 2018 年冬号）

【業績】(百万円)	売上高	営業利益	税前利益	純利益	1株益(円)	1株配(円)	【配当】	配当金(円)
◇16. 3	95,587	8,733	8,117	5,212	120.6	24	13. 3	16.5
◇17. 3	101,779	8,619	8,466	5,631	129.9	26	14. 3	8
◇18. 3	116,504	7,635	7,175	4,665	107.4	26.5	15. 3	10
◇19. 3予	152,000	9,300	8,840	6,100	140.3	30	16. 3	24
◇20. 3予	176,000	9,900	9,440	6,600	151.9	30	17. 3	26
中17. 9	56,038	4,421	4,415	3,006	69.3	0	18. 3	26.5
中18. 9予	73,000	5,280	5,000	3,250	74.8	0	19. 3予	30
四17. 4- 6	27,161	2,115	2,163	1,619	37.3		予想配当利回り	1.23%
四18. 4- 6	35,385	2,238	2,251	1,579	36.3		1株純資産(円)〈◇18. 6〉	
会19. 3予	153,213	9,865	9,399	6,515	(18.5.15発表)		859.6 (834.1)	

2018年4集

（A）では、2018年3月期の税前利益（経常利益とほぼ同じもの90億円の予想が出ていましたが、実績は約72億円に留まっています。（B）では、2019年3月期の税前利益予想が、94億円、2020年3月期の予想が100億円と出ていました。しかし、（C）になるとこの値が約88億円と約94億円に引き下げられています。

　このように業績予想などより、業績の実績が悪くなったり、業績予想も引き下げられると以下のように、株価も大きく下がることになるので、売り時となります。

トリドールホールディングス（3397）　約5年の週足チャート　東証1部

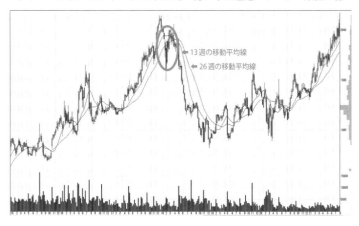

　ただし、トリドールのチャートを見ても、108ページBの②の移動平均線のルールを適用して売却しておけば、株価が大きく下がるという困難を逃れることができます。

業績予想の改善が続くような
成長株優待銘柄での売り時について

　過去の事例になりますが、ディップ（2379）という優待銘柄の業績が大きく伸びた時期がありました。四半期毎に更新される『会社四季報』の業績予想が、どんどん上方修正されるようなケースが想定されます。

● ディップ (2379) の業績推移 (四季報 2019 年新年号)

2019年1集
□圏望月明彦 喜藤憲一

https://www.dip-net.co.jp/

　【業績】のところから経常利益の部分を見ると、2014 年 2 月期には 17 億円だった経常利益は、2020 年 2 月期では経常利益予想 134 億円まで増え、異常なくらい経常利益が増加しています。

これは、日本国内の景気拡大によって、飲食店などでの短期雇用者不足などから、同社が運営する短期アルバイト紹介サイト「バイトル」での売上が大きく伸びたことによるものでした。

　同社の株価は、業績の大きな伸びを反映して、大きく株価が上昇した時期があります。

ディップ（2379）　約10年の月足チャート　東証1部

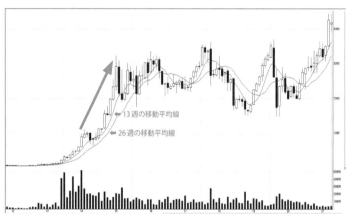

　チャートを見ると、2014年1月頃から大きく株価が上昇しています。2014年1月の株価約130円が、2015年8月頃には3000円を超える株価になっています。株価は、約2年で30倍以上にもなっているのです。

　このような銘柄の週足チャートを見ても、13週の移動平均線を大きく割ることもなく、株価が大きく上昇していくのがわかります。

ディップ（2379）週足チャート（2014年1月〜2016年2月）東証1部

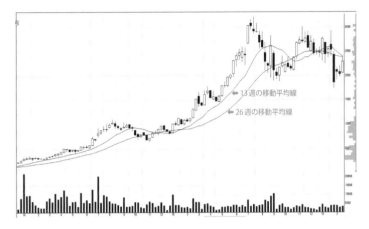

　このような成長株優待銘柄にめぐり合えるのも優待ポートフォ
リオ投資の大きな魅力といえるかもしれません。

＜ヒント＞ 優待離脱銘柄や成長株の売り時について

優待離脱銘柄や成長株の売り時はいつなの？？

さらちゃん

ケロ先生

　　　そうだね。株価が大きく上がって優待銘柄を離脱した銘柄や成長株は、以下の３つを想定しているんだよ。長期投資でも、このように大きく上がった銘柄には売り時があるんだよ。

①株価が大きく上昇して、総合利回りが１％程度になった場合。

②株価が大きく上がって、かなり割高感が強くなり、株価が13週の移動平均線を割りそうな場合、26週の移動平均線を割る前には必ず売る。

③業績予想の悪化が明確になった場合。

例えば、2018年頃に大きく上がった化粧品関連銘柄のチャートを見ればよくわかるよ。資生堂（4911）、ノエビア（4928）とかコーセー（4928）化粧品などが実例として挙げられるよ。これらの銘柄が、13週の移動平均線を割る前のタイミングで売っていれば、大きく儲かったよね。

第5章

優待ポートフォリオ管理と
優待離脱銘柄へ
追加投資

大きく値上がりする銘柄を
積極的に取り入れよう！

　この章では、優待ポートフォリオ投資のメリットを大きく活か
す方法についての説明をしていきます。

　投資初心者にはわかりにくい部分かもしれません。1年くらいで
優待ポートフォリオ投資の管理に慣れてくると、この投資法の神
髄を理解できるようになっていくでしょう。前章で、少し積極的
に値上がり益をとっていくような優待ポートフォリオ投資の話を
していますが、優待ポートフォリオの管理をしながら、大きく値
上がりしそうな銘柄に追加投資をする方法の説明をしていきます。

■ 優待ポートフォリオを管理する

(1)ヤフーファイナンスのポートフォリオ機能を使う

　優待銘柄ポートフォリオができたら、週に一度くらいは、見直
してみることが重要です。私の場合には、ヤフーファイナンスの
ポートフォリオ機能を使って優待ポートフォリオを管理していま
す。具体的に説明していきます。

　ヤフーファイナンスのポートフォリオ機能は、1つのポートフ
ォリオに最大50銘柄まで登録が可能で、次ページのように項目
をまとめて一覧できるようになっています。
「銘柄コード」「保有株数」「銘柄名」「時価総額」「取引値（株価
の時価）」「前日比の±」「投資額の時価」「損益」「出来高」が表示
されており、最後の欄に収支がまとめられているので、優待ポー
トフォリオの管理に便利です。

● ヤフーファイナンス登録のサンプル

		保有数	時価総額	取引値	前日比	75日移動平均差離率	時価	損益	出来高
1375	↑ 雪国まいたけ	100	67,569 百万円	1,693	+1	+0.06%	-8.93%	169,300	-29,000	18,800
1518	↑ 三井松島ホールディングス㈱	1,000	13,104 百万円	1,003	+11	+1.11%	+2.37%	1,003,000	-51,000	13,400
1904	↑ 大成温調㈱	100	13,834 百万円	2,010	+4	+0.20%	-0.26%	201,000	-23,300	2,500
2109	↑ DM三井製糖ホールディングス㈱	100	61,461 百万円	1,883	+10	+0.53%	-0.71%	188,300	-19,000	5,600
2198	↓ アイ・ケイ・ケイ㈱	100	19,981 百万円	667	-3	-0.45%	-1.50%	66,700	-2,200	3,900
2309	↓ シミックホールディングス㈱	100	29,861 百万円	1,578	-21	-1.31%	+0.88%	157,800	-3,900	18,800
2729	↑ ㈱JALUX	100	23,365 百万円	1,829	+1	+0.05%	+6.37%	182,900	-10,200	2,700
2730	↑ ㈱エディオン	100	118,726 百万円	1,060	+13	+1.24%	-8.25%	106,000	-21,200	141,900
2735	↑ ㈱ワッツ	100	13,093 百万円	938	+1	+0.11%	+2.08%	93,800	+600	9,600
2773	↓ ㈱ミューチュアル	100	7,049 百万円	925	-5	-0.54%	+1.83%	92,500	-3,200	1,700
3034	↑ クオールホールディングス㈱	100	59,443 百万円	1,528	+43	+2.90%	+1.33%	152,800	-9,700	36,600
3167	↑ ㈱TOKAIホールディングス	100	124,874 百万円	894	+3	+0.34%	-2.74%	88,400	-9,100	44,000
3183	↑ ウイン・パートナーズ㈱	100	30,656 百万円	1,005	+4	+0.40%	-1.63%	100,500	-9,100	11,500
3198	↓ SFPホールディングス㈱	100	37,743 百万円	1,464	+22	+1.53%	+5.35%	146,400	-700	10,800
3221	↓ ㈱ヨシックスホールディングス	100	23,545 百万円	2,281	-6	-0.26%	+5.08%	228,100	-4,900	8,100
3355	↑ クリヤマホールディングス㈱	200	16,324 百万円	732	+4	+0.55%	+2.55%	146,400	+1,200	5,100
3397	↓ トリドールホールディングス㈱	200	164,837 百万円	1,889	-8	-0.42%	+9.02%	377,800	+31,000	140,600
3477	↓ フォーライフ㈱	300	2,372 百万円	1,186	-2	-0.17%	-7.60%	355,800	-61,800	500
3547	↓ ㈱串カツ田中ホールディングス	200	17,077 百万円	1,828	-19	-1.03%	+0.20%	365,600	+20,000	36,700
3802	↑ ㈱エコミック	400	2,199 百万円	583	+12	+2.10%	+5.55%	233,200	+4,400	6,100
3863	↓ 日本製紙㈱	100	147,992 百万円	1,273	-13	-1.01%	-4.91%	127,300	-12,200	319,800
4526	↓ 理研ビタミン㈱	100	63,581 百万円	1,562	-20	-1.26%	+8.71%	156,200	+12,900	22,300
4611	↑ 大日本塗料㈱	100	25,313 百万円	852	+18	+2.16%	-3.63%	85,200	-11,800	23,400
4917	↑ ㈱マンダム	100	101,076 百万円	2,094	+7	+0.34%	+2.45%	209,400	-2,600	23,600
4977	↑ 新田ゼラチン㈱	100	11,906 百万円	648	+8	+1.25%	-2.07%	64,800	-6,200	8,100
9324	↓ 安田倉庫㈱	100	28,933 百万円	953	+3	+0.32%	-0.48%	95,300	-7,000	36,200
9425	↓ 日本テレホン㈱	100	1,510 百万円	443	-11	-2.42%	+8.82%	44,300	+1,800	100,400
9433	↑ KDDI㈱	100	8,306,567 百万円	3,605	+2	+0.06%	+3.14%	360,500	+11,500	3,026,500
9436	→ 沖縄セルラー電話㈱	100	135,733 百万円	5,050	—	0.00%	-0.33%	505,000	-14,700	8,500
9832	↓ ㈱オートバックスセブン	100	121,106 百万円	1,476	-2	-0.14%	-1.29%	147,600	-8,700	171,200
9857	↓ 英和㈱	100	7,738 百万円	1,196	-13	-1.08%	-0.12%	119,600	-9,600	2,100
9882	↑ ㈱イエローハット	100	96,202 百万円	1,927	+16	+0.84%	+1.62%	192,700	-5,100	56,900
	合　計						10,060,100	-288,300	

(2)重要な管理項目をデータ化しておく

前ページのようなデータを入れて、株価などと時価評価を見ていきます。この中に「時価総額」や「75日移動平均乖離率」という項目があります。この2つは、何のために表示させているのでしょうか。

時価総額は会社全体の時価ですが、実は優待銘柄でも超小型株、小型株、中型株、大型株、超大型株のような分類をわかりやすくするために表示させています。

このような優待銘柄の分類をしておくことで、大きく動き出した際に、その時価総額での特徴的な動きともなるからです。この点は、第3章の最後の部分で解説した通りです。

例えば、前ページに載っている表のポートフォリオにおいては、最も時価総額が大きい銘柄はKDDI（9433）の8兆3000億円になります。逆に時価総額が最も小さいのは、エコミック（3802）という銘柄で、約20億円しか時価総額がありません。このように、優待ポートフォリオの時価総額がすぐにわかります。

次に、「75日移動平均乖離率」ですが、これは株価が上下どちらかに動き出したことをチェックするのに使います。この指標は、75日（約3カ月間）の平均価格よりも、現在の株価が上下のどちらに動いているかをチェックするため表示されます。

私は、この指標が上下5％以上になった銘柄を週に一度くらいチェックするようにしています。

①上方乖離の場合

上方に乖離している銘柄であれば、「四季報オンライン」で業

績予想の変更や、KABUTAN で株価が上昇している理由をチェックしています。そのうえで、この優待銘柄の買い増しのチャンスか、あるいは大きく上がる可能性がある優待離脱銘柄だとみれば、すかさず買い増しをするような対応をしています。

②下方乖離の場合

逆に下方に乖離している銘柄であれば、「四季報オンライン」で業績予想の変更や、KABUTAN で株価が下落している理由をチェックしています。そのうえで、この優待銘柄の「ナンピン買い」のチャンスか、あるいは業績が大きく悪化して、倒産のリスクもありそうな場合には、やむなく「損切り」という判断をすることもあります。

また、出来高も表示させていますが、小型株や中型株の場合には、取引量が増えて株価が大きく上がったり下がったりしたりするので、その場合にチェックをする目的で表示させます。

そのほかの項目として、「決算期」を表示させるのもいいかもしれません。優待ポートフォリオ構成銘柄が増えていくと、決算期もいろいろと混在するようになるので、わかりやすくするために入れるといいでしょう。

例えば、決算期を入れると、次のようになります。

● 決算期を入れた登録サンプル

コード	市場	名称	取引値		前日比		出来高	決算月数	決算期
6981	東証1部	⬆ ㈱村田製作所	6/16	8,642	+79	+0.92%	18,800	12か月	(連) 2021年3月期
2151	東証1部	⬆ ㈱タケエイ	6/16	1,383	+39	+2.90%	13,400	12か月	(連) 2021年3月期
8267	東証1部	⬆ イオン㈱	6/16	3,008	+6	+0.20%	2,500	12か月	(連) 2021年3月期

⑶「四季報オンライン」を使って業績予想の確認をする

　通常、『会社四季報』は、四半期に一度新しいものが出版されます。ただし、内容の更新が遅いケースが大半なので、私は「四季報オンライン」を使って対応しています。

　1カ月に一度程度、業績予想の変更がないかなどをチェックしています。上場企業は四半期ごとに決算を発表しているので、四半期決算発表後については、四季報の業績予想の変更などが行われることが多いので、注意が必要になります。

「四季報オンライン」では、業績予想の変更があれば、四季報とは異なり、業績予想の変更がリアルタイムでアップされるので、優待銘柄が大きく上昇した理由や逆に大きく下落した理由なども、瞬時にわかる可能性があります。

　次ページの業績予想の変更は、前章で紹介した梅の花（7604）のものですが、業績予想の最新（2021年6月14日付）の業績予想が載っており、コロナ禍の終焉によって、今期（2022年4月期）の赤字が大きく減少して、来期（2023年4月期）には、経常利益が黒字化することが想定されています。

⑷優待銘柄の買い増し方法

　119ページに掲載したヤフーファイナンス登録にもあるように、「75日移動平均乖離率」が＋5％となった銘柄で、業績予想もよく、買い増しに適する銘柄と判断した場合には買い増しを検討します。

●梅の花の業績予想

業績

	売上高	営業利益	経常利益	純利益	1株益（円）	1株配（円）
連 17.9	31,394	399	353	-500	-73.0	5
連 18.9	32,647	478	358	44	6.2	5
連 19.4 変	19,499	425	369	-981	-122.6	0
連 20.4	30,462	-1,238	-1,361	-4,391	-548.5	0
連 21.4 予	**23,000**	**-2,000**	**-2,100**	**-3,000**	**-374.6**	**0**
連 22.4 予	**26,000**	**-800**	**-900**	**-1,000**	**-124.9**	**0**
連 20.5 ～ 10	9,827	-1,594	-1,683	-1,222	-152.7	0
連 21.5 ～ 10 予	11,000	-1,100	-1,200	-1,200	-149.9	0
連 19.5 ～ 1	25,517	-10	-115	-1,507	-188.2	
連 20.5 ～ 1	16,328	-1,837	-1,946	-1,607	-200.8	

※単位は百万円、1 株当たりは円

業績予想更新（2021/06/14）

	売上高	営業利益	経常利益	純利益	1株益（円）	1株配（円）
連 21.4	21,603	-2,252	-2,396	-1,921	-239.9	0
連 22.4 予	**26,000**	**-800**	**-900**	**-1,000**	**-121.8**	**0**
連 23.4 予	**30,000**	**200**	**100**	**50**	**6.1**	**0**

　できれば上方乖離率が、10％以下のレベルで買い増しができるといいかもしれません。大きく値上がる可能性が高まった時点で、なるべく早く買うと値上がり益もとりやすいし、株価が下がっても大きな含み損にはならないからです。

⑸優待券の量や質が変わるくらいまで買い増す

　例えば、プリントネット（7508）のように、株数の多寡によって優待が設定されている場合には、100 株買い増して 200 株にしたり、400 株買い増して 500 株にしたりすればいいのです。買い

増しによって、ポートフォリオの値上がり益が大きくとれる効果が格段に増すことになります。

　このプリントネットを830円で100株買って、900円で400株買い増し、合計で500株買います。プリントネットの株価が、1200円にでもなれば、100株では値上がり益が3万7000円のものが、15万7000円にもなります。

（1200円—830円）× 100株 +（1200円—900円）× 400株 = 15万7000円

　買い増しも含めて、優待ポートフォリオの額が130万円になったとしても、およそ15万円の値上がり益がとれると、約10％の利回り向上になります。

　1000株まで買い増しすれば、名産品（昨年度はおいしそうな黒豚しゃぶしゃぶ肉）までもらえるという優待になります。ただし、たくさん買うと総合利回りが下がってしまうので、このあたりは注意しておく必要があります。また、買い増した後の下がった場合のリスクも大きくなります。

　次ページのチャートを見ると、この銘柄は約5年前に上場した比較的新しい会社です。株価はIPOからずっと下げて見ていましたが、2021年1月頃に底打ちをして、それから少しずつ株価も上昇してきている（矢印）ことがわかります。
　同社の優待は、商売などをやっていない主婦などにはあまり受けない内容かもしれませんが、少ない量でも広告チラシを作ってくれるので、小規模の企業や自営業者の方には、役に立つ優待か

● プリントネットの優待詳細

株主優待情報　ご利用の際の注意点

優待の内容	自社ポイント等
権利確定時	8 月
優待内容カテゴリ	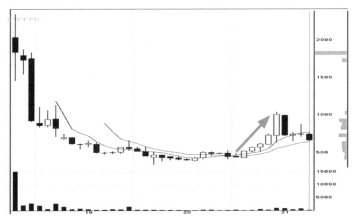
優待利回り	2.33%

優待内容詳細

自社印刷通販サイトポイント

100 株以上	2,000 円相当
200 株以上	4,000 円相当
500 株以上	6,000 円相当

※ 有効期間：1 年

1,000 株以上	鹿児島県名産品　※ 21 年は黒豚しゃぶしゃぶ肉

プリントネット（7508）　約 3 年の月足チャート　東証 1 部

もしれません。

　最近になって、新興企業のラクスル（4384）とも提携して、将来性が高まってきているので、面白い銘柄になる可能性も高まっています。

<ヒント> なぜ中長期のチャートだけを見るの？

優待ポートフォリオ投資では、月足チャートや週足チャートの長期間のチャートだけで、短期の日足チャートは見ないの？？

さらちゃん

ケロ先生

　　　　　そうだね。基本的には、優待ポートフォリオ投資は3年以上の長期投資を中心にしているので、日々の株価の変化を見る日足チャートを見る必要性があまりないんだ。

だから、3年間の週足チャートや10年の月足チャートを見るだけでいいんだよ。

短期の日足チャートを見ていると、長期投資をしているのに、3カ月や半年程度の短期売買をしてしまう悪いクセがつくという面もあるからね（笑）。

そもそも、長期投資をするのに、日々の株価のチェックはナンセンスだと考えられるし、ゆったりとした売買で十分なんだよ。カリスマ優待投資家の桐谷さんによれば、優待銘柄を買ったらずっと保有して、株価が下がっても損切なんてもってのほかという話もしているしね。

❷ 楽しみながら値上がり益もとる優待ポートフォリオの例

例えば、先ほどのプリントネットを組み込んだ、楽しみながら値上がり益もとれそうな 100 万円の優待ポートフォリオのサンプルを作ってみると、以下のようになります。

◉優待ポートフォリオ銘柄例

証券 コード	優待銘柄名	総合利回り	業種	優待内容
7805	プリントネット	4.07%	印刷業	自社割引券
9955	ヨンキュウ	3.62%	養殖業	ウナギのかば焼き
3387	クリエイトレストランツ	4.38%	飲食業	自社商品券
4745	東京個別指導学院	4.53%	教育産業	カタログギフト
9995	グローセル	5.22%	半導体商社	クオカード
8095	アステナ H	2.81%	医薬品	化粧品など自社商品
8897	タカラレーベン	5.57%	不動産業	おこめ券
8165	千趣会	3.77%	カタログ販売	カタログギフト割引券
3167	TOKAIHD	4.56%	ガス供給	クオカードなど
3070	藤久	9.88%	小売業	自社商品券
3486	グローバルリンクマネンジメント	5.09%	不動産業	クオカード

※タカラレーベンは 2021 年 7 月末に優待廃止を発表。

合計で 11 銘柄となり、現金は約 10 万円の次ページのような優待ポートフォリオとなります。業種なども多くに分散され、かつ、いろいろな優待が組み込まれた優待ポートフォリオとなります。

優待ポートフォリオを家族やビジネスでも楽しみながら、将来の値上がり益も期待できそうな優待銘柄群への投資が可能になるのです。

優待ポートフォリオ比率

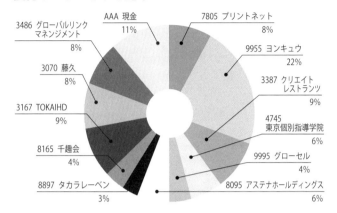

組み入れ銘柄の説明をしておくと、以下のようになります。楽しみが重複している銘柄もあります。

●**企業成長が期待される銘柄群**：

プリントネット、ヨンキュウ、アステナホールディングス、グローバルリンクマネジメント

●**優待を楽しめる銘柄群**：

ヨンキュウ、東京個別指導学院、千趣会、タカラレーベン、藤久

●**商用や現金（クオカード）代わりにつかえる優待銘柄群**：

プリントネット、グローバルリンクマネジメント、グローセル

この100万円の優待ポートフォリオで、余剰資金の約10万円を加えてのポートフォリオの総合利回りは、4.22％（2021年6月現在）もあります。

　この状態では、余剰資金が10万円程度しかないので、優待離脱した銘柄、例えばプリントネット400株（36万円）を買い増す資金が足りないということになりますが、毎年追加することを予定している40万円から出すとか、場合によっては、ポートフォリオの銘柄の一部を売却して買い増す方法も考えられます。

　このような楽しい優待を含めて、値上がりしそうな銘柄を2〜3銘柄組み込みして優待ポートフォリオを作ると、単に総合利回りと優待を楽しむだけのものではなく、将来性がある銘柄についても、値上がり益が取れるという楽しみが出てくるのです。

<ヒント> 優待離脱銘柄や成長優待銘柄の組み入れのタイミング

優待離脱して大きく上がる可能性のある銘柄を、
いつ買い増しするの？？

さらちゃん

ケロ先生

　　　　そうだね。ポートフォリオを管理する際に、「75日（約3カ月間）の移動平均線」からの株価の乖離率をチェックしておくんだ。それが＋5％以上になった際に、銘柄の業績予想などを見ながら買い増しするんだよ。できれば、乖離率が10％になるまで買うと値上がり益や株価が下がるというリスクも低くなるよ。

買い増しの株数についても、優待がもらえるような株数の買い増しをすると優待もついてくるし、いいかもしれない。100株で1000円分のクオカードがもらえる銘柄で、300株で2000円分のクオカードをもらえる銘柄ならば、200株買い増しするといいよね。

❸ 優待を新設した銘柄や増額した銘柄を組み入れる

　余剰資金や毎年追加で40万円の資金を投入する計画をしていますが、以下のような優待を新設した銘柄や優待を追加するような銘柄を組み入れると優待ポートフォリオのパフォーマンスが良くなる可能性があります。

⑴アートスパークの株主優待の新設

　例えば、成長株的な銘柄であれば、アートスパークホールディングス（3663）という銘柄になります。同社は以下のような発表を2021年6月21日に優待の新設を発表しています。

◦アートスパークの優待の新設開示

1．株主優待制度の新設の目的
　　株主の皆様からの日頃からのご支援に感謝の気持ちを表すとともに、株主優待制度を通じて当社事業へのご理解を深めていただき、より多くの皆様に中長期的に当社株式を所有していただくことを目的として株主優待制度を新設することにいたしました。

2．株主優待制度の内容

（1）概要
　　当社株主の方は、以下施策詳細のとおり「CLIP STUDIO PAINT EX」を継続的にご利用いただけます。

（2）株主優待の初回について

　①　株主優待の初回における対象となる株主様
　　　2021年7月31日現在の株主名簿に記載または記録された当社株式100株（1単元）以上を保有する株主様を対象といたします。

　　※　2021年5月24日にリリースいたしました、「株式分割、株式分割に伴う定款の一部変更及び配当予想の修正に関するお知らせ」にありますとおり、2021年6月30日（水曜日）を基準日として、同日の最終の株主名簿に記載または記録された株主の有する当社普通株式1株につき4株の割合をもって分割いたします。

　②　内容
　　　子会社株式会社セルシスのイラスト・マンガ・アニメーション制作アプリ「CLIP STUDIO PAINT EX」のすべての機能を搭載し、Windows / macOS / iPad / iPhone / Galaxy / Android /Chromebookの中からいずれか1台で、次回の株主優待までご使用いただける「CLIP STUDIO PAINT EX 1 デバイス」のアクティベーションコードが記載されたカード

　　※「CLIP STUDIO PAINT」の詳細はこちら（https://www.clipstudio.net/）をご覧ください。

　③　開始時期、贈呈時期及び方法
　　　上記①に記載の条件に該当する株主様向けに、2021年9月中旬頃の発送を予定しております。

　同社の株価は、将来性を期待されて、以下のように大きく上昇している局面にあります。

アートスパークホールディングス（3663）　約10年の月足チャート　東証2部

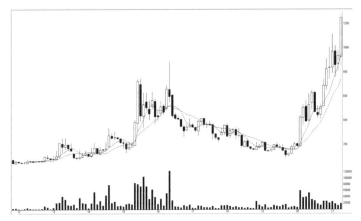

　同社の業績は史上最高益を更新しつつあり、株価も史上最高値を超える水準にまで上昇しています。同社は、自動車用の車載ソフトが大きく伸びていることやイラストを作成するようなソフトウエアの開発もしており、優待の導入によって個人消費者に広く同社のことを知ってもらおうという意図から、このような優待を新設したものと考えられます。

⑵ TOKYO BASE の株主優待の新設

　TOKYO BASE（3415）は、主に若い女性向けのアパレル販売をする会社です。コロナ禍やネットアパレル販売の台頭などで、現状の業績はあまりぱっとしませんが、この時期に優待を新設するということは、これから攻めの経営に入ろうという姿勢が見えてとれます。「四季報オンライン」のコメントを見ても、今後、

攻めの経営で業績も回復していくことが想定されています。

【急反発】

11カ月変則決算。店舗純増16（前期同12）。柱の国内コロナ影響緩和で既存店復調。中国本土も顧客獲得進み着実増。前期の過剰在庫処分が効き粗利益率改善。出店拡大に伴う人材増こなし営業益反発。

【積極展開】

アスレジャー系と30〜40代向けセレクトの2つの新業態を今秋始動。中国は今期『Tモール』出店しEC本格展開、現地での新卒採用も進め人材育成に本腰。

　株価はコロナ禍を反映して、高値の半値くらいになっています。一時期は今後の成長を期待されて、1000億円以上の時価総額（2017年：株価約2000円）になっていました。現在も500億円近い時価総額（株価約700円）がありますが、中国への進出などがうまくいけば、成長株としての期待度が高まり、株価も大きく上げるかもしれません。

　この優待新設は、TOKYO BASEというブランドを広く日本の消費者にも知ってもらうために新設したものであり、同社の業績を大きく伸ばすきっかけになるようにと、会社が設定したものと思われます。

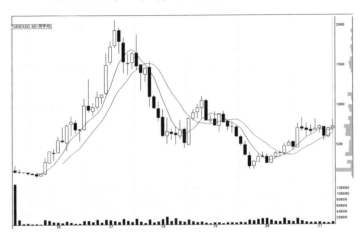

TOKYO BASE（3415） 約6年の月足チャート 東証1部

⑶白銅の株主優待の新設

　白銅（7637）は、一般消費者にはあまり知られていない銘柄です。同社は金属やプラスティックの加工をして販売をする会社であり、この会社が株主優待を取り入れるメリットが株主数を増やすためだけかなと思っていました。

　ところが、同社が得意とする「3Dプリンター」を消費者にも広めるために始めたものであるとわかって、私は、即座に組み入れました。私の妄想になりますが、消費者向けの3Dプリンターも売り出すようになるのではとの想定もしています。

　同社のチャートは、次ページのような状況です。豪勢な優待をつけるようになるほど、今後の業績が大きく改善していくことが想定されます。時価総額も250億円程度と、来期の業績経常利益予想（30億円）の8割程度の株価です。

新設された白銅の株主優待制度の詳細

基準日	保有株式数	株主優待内容
9月末	300 株以上	プレミアム優待倶楽部 3,000 ポイント
	400 株以上	プレミアム優待倶楽部 5,000 ポイント
	500 株以上	プレミアム優待倶楽部 1 万ポイント
	600 株以上	プレミアム優待倶楽部 2 万ポイント
	1,000 株以上	プレミアム優待倶楽部 3 万ポイント
	2,000 株以上	プレミアム優待倶楽部 4 万ポイント
	3,000 株以上	プレミアム優待倶楽部 5 万ポイント

出典:『ダイヤモンド ZAI』ホームページより作図

白銅（7637） 約 10 年の月足チャート　東証 1 部

● 白銅の業績予想

	売上高	営業利益	経常利益	純利益	1株益 (円)	1株配 (円)
連 17.3	34,626	1,985	2,042	1,405	123.9	58.5 記
連 18.3	43,709	2,784	2,845	2,028	178.8	75
連 19.3	45,228	2,249	2,333	1,564	138.0	77
連 20.3	41,798	1,685	1,697	1,148	101.3	58
連 21.3	39,219	1,981	2,083	1,281	113.0	58
連 22.3 予	48,000	2,920	3,000	2,070	182.5	82 記
連 23.3 予	51,000	3,100	3,200	2,250	198.4	73
連 20.4 〜 9	17,836	583	616	428	37.8	0
連 21.4 〜 9 予	23,700	1,410	1,480	1,020	89.9	36
会 22.3 予	48,000	2,920	3,000	2,070	-	(21.5.14)

※単位は百万円、1株当たりは円

　このような優待の新設は、その企業が優待を新設する理由をよ
く見て優待銘柄として組み入れると、たいへん面白いと思われま
す。

　次に優待の内容の変更や増額をした銘柄を見てみましょう。

⑷優待の内容を変更した日本商業開発

　日本商業開発（3252）は、株主優待をジェフグルメカードから
株主優待カタログに変更することを発表（2021 年 6 月 15 日）し
ています。『ダイヤモンド ZAI』のホームページよると、次のよ
うに記されています。

> 　日本商業開発の株主優待は、毎年 6 月末と 12 月末時点の
> 株主を対象に実施されており、従来の内容は「300 株以上保
> 有する株主に『ジェフグルメカード』3000 円分、700 株以上

保有する株主に『ジェフグルメカード』6000円分を年2回贈呈」というものだった。

　変更後は、優待品が「ジェフグルメカード」⇒「株主優待品カタログ」になる。株主優待品カタログで選べる商品の金額は、300株保有時が3000円相当（×年2回）、700株保有時が6000円相当（×年2回）なので、変更前と金額的な違いはない。また、株主優待品カタログの掲載品の中には「ジェフグルメカード」も含まれる。

「ジェフグルメカード」以外の商品は、大丸松坂屋百貨店の法人外商事業部が提供する全国の名産品、SDGsに関わる寄付や、災害時対策物品など。カタログで選べる商品の種類は約30品目だが、専用WEBサイトからも商品を選べるようになる予定で、そちらのほうでは約600品目の商品がラインナップされる見通し、とのことだ。

　この銘柄は、100株では優待はもらえずに、300株以上持つ必要がありますが、使える商品がカタログ優待品になったので利便性が大きく高まっています。これまで通り、優待品の中から「ジェフグルメカード」を選ぶことも可能です。

　これは、もっと個人株主に優待を使ってほしいということで優待内容を変更したものであり、「ジェフグルメカード」が使いにくい場所に住んでいる投資家や、ほしいと思う優待品があったらという個人投資家に配慮した優待の改善と考えられます。

　優待の変更については、同社が「今後とも、個人投資家を大切にしていきますよ」という姿勢の顕われであり、素晴らしいこと

です。業績予想もコロナ禍の終焉が近づいていることもあり、改善方法に動いているので、優待投資家としてはたいへん魅力的に映る優待条件の変更になります。

(5) 優待品を増額したヨンキュウ

ヨンキュウ（9955）は、水産業者間では知らない人がいないくらいに魚の養殖では有名な会社ですが、一般的にはあまり知られていません。同社が生育した鯛やヒラメの稚魚を販売したり、自らもうなぎやマグロの養殖などに取り組んでいます。

この会社が、2021 年 3 月に優待品を倍増することを発表しています。優待品は、うなぎのかば焼きの真空パック商品で、3000 円程度の価格のものです。これまでは、年に 1 回であった株主優待を、年 2 回にしています。「四季報オンライン」にも以下のような記載があります。

【優待】

自社の養殖うなぎかば焼きを贈呈する株主優待実施回数を年 2 回に変更。マルハニチロとの提携生かし、養殖魚の国内外での販路拡大や人工種苗化など推進。

これによって、優待だけでも 2.7％程度の利回りとなることから、配当金（年 20 円予想）も含めると、総合利回りは 4％近い水準になっています。株価も次ページのチャートにあるような状況で、底値の固い銘柄でしたが、最近になって株価は上昇基調となっています。

ヨンキュウ（9955）　約10年の月足チャート　ジャスダック

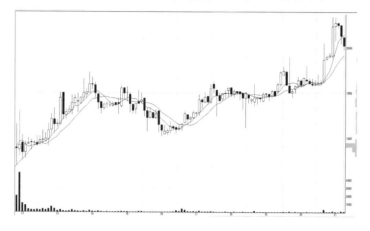

　また、同社の養殖技術は世界に誇れるものがあり、現在はマルハニチロ（1333）などの水産業者と提携をして、世界中に養殖魚を広めていこうというような野望を感じられる銘柄となってきています。日本で、各漁協が放流している鯛やヒラメの稚魚も、ヨンキュウのものが多いと聞いています。

　日本では、毎年、約2万匹もの鯛の稚魚が放流されています。これは魚をたくさん捕っても漁獲量が減らないように想定した稚魚の放流であり、世界中に広まってもおかしくない方法です。
　例えば、中国などの漁船が取りすぎて、漁獲量が減っているサンマなどへの応用が利く可能性もあります。
　もちろん、同社はうなぎやマグロについては、積極的に増産できるような体制を整えようとしています。このように、世界的に貴重なタンパク源としての魚類を積極的に増やす事業の一環を担っている同社の先行きは、かなり明るいものと想定していま

す。

　今回の優待品の増額は、大きなインパクトを持っていると想定しています。また、吉野家ホールディングス（9861）や松屋フーズ（9887）のような株価に優待プレミアムがついて、株価も大きく上昇する可能性を秘めている銘柄かもしれません。

　このような優待の新設や優待の変更や増額などが発表された銘柄については、注目しておくと、さらにポートフォリオのパフォーマンスを上げることができる可能性があります。
　主な優待変更などの速報については、以下のサイトをチェックすると簡単に見ることができます。

- ●『ダイヤモンド ZAI』株主優待ニュース
  https://kabunushiyutai.diamond.jp/category/
  kabunushiyutai-news
- ●「株主優待ドットコム」優待ニュース
  https://www.kabuyutai.com/yutai_new.html

＜ヒント＞ 優待の新設や優待条件の改善を発表した銘柄の組み入れは？

優待を新設する銘柄や優待の条件を改善するような銘柄は、
買いのチャンスなの？？

さらちゃん

ケロ先生

　　　　　　そうだね。優待を新設したり、優待の条件を改善するような銘
柄は、その企業の先行きの業績について経営陣が強気になっていることが
多いんだよ。

だから、優待の新設をする銘柄や条件を改善するような銘柄への投資の大
チャンスであることも多いんだよ。

しかし、すでに割高な銘柄も多いので、投資家として、各銘柄を組み入
れるかどうかの条件を満たしているか確認してから組み入れるといいんだ
よ。

第6章

楽しみながら
優待株投資をする
投資家たち

著名な優待投資家の情報を活用しよう

　この章では、優待ポートフォリオ投資を行っている個人投資家の状況などを聞いて参考になる内容を紹介します。最後の部分では、長期間にわたって優待ポートフォリオ投資を行っているブロガーも紹介します。

■ COCCOさん：優待株投資を始めたばかりの女性投資家

　子どもを産んで、育児休暇から復帰したのが16年前。また仕事を頑張ろうと、やる気満々で復帰したものの、生後8カ月で保育園に預けた長男は2週間に1回は熱を出し、会社に行っては保育園からの電話で呼び戻される繰り返し。保育園に通い始めて4カ月の間に2度の入院。

　仕事は仲間に迷惑をかけるばかりで、若い社員たちが頑張っているなか、申し訳ない気持ちがどんどん大きくなり、退職することとなりました。そこから時間に縛られない働き方を求めて、行き着いたのが投資信託でした。

　長男は高校生になり、末っ子の娘も小学校に入り、自分の時間ができたところで株式投資の勉強をスタート。コロナショックで株価暴落の中、運よく DUKE さんが主宰する「新高値ブレイク投資塾」に入り、小型成長株の上昇に乗ることができました。

　また、新高値ブレイク投資塾に入ったご縁で、成長株テリーさんと出会い、このような優待株投資について勉強できる機会を与えていただいたことを本当にうれしく思います。

　私にとっての株式投資の楽しみは、値上がりしてお金が増えることはもちろんですが、いち早く企業の新製品やサービスを知ることができたり、それを試したりすることです。専業主婦として、ほぼ自転車で行ける範囲の生活で 16 年間過ごし、毎晩のおかずや家事、子育てのことばかり考えていた毎日からは、想像もできないほどの情報量です。

　流行に敏感な子どもからも、「何で知ってるの？」と驚かれることも増えてきました。

　ただ、株式投資というものは、良いときだけではないのも事実です。長い人生を考えると、いろいろなことを考えます。もちろん、株価が長期にわたって低迷することもあるかもしれません。また、将来親の介護問題も出てくるかもしれません。介護の場合には、子育てのようにママ友にちょっと子どもを預かってもらうことも難しくなり、外に出られなくなるかもしれません。仕事もできず、年金だけでは生活できなくなることも考えられます。

　今回、カリスマ優待投資家の桐谷さんや、優待投資をされている方のブログや YouTube を見るうちに、今から優待投資家になり、将来、夫が定年したあと、いろいろな優待品をもらうのも楽しいなと思いました。

　また、お互い元気でいれば、優待品を使うためにいろいろなところに出かけると体力も維持できますし、刺激のある生活で、認知症にも効果があるかもしれないと思っています。

　優待株投資は始めたばかりですが、DUKE さんが主宰する

「新高値ブレイク投資法」で勉強したことを活かして、「配当＋優待利回り」がよいだけでなく、値上がり益の期待できる株を探していこうと思っています。そして、さらなる成長が見込めるものには、追加購入も検討し、値上がり益（キャピタルゲイン）もとっていけたらと思います。

　では、私が購入した銘柄、これから購入したいとウォッチしている銘柄を紹介いたします。

①ホンダ（7267）

　バイクで有名なホンダですが、2輪車では世界首位、4輪車では世界7位で、環境対応にも力を入れています。

　半導体不足で、業績が落ち込みましたが、2022年3月期には、半導体不足が解消され、営業益が上向く予想となっています。

　こちらは、ツインリンクもてぎや鈴鹿サーキットの入場券、駐車場代の無料のチケットがあり、5名まで使えます。先日、ツインリンクもてぎに娘と遊びに行ってきましたが、バイクや車のレースやジップラインは、大人が乗っても非常に楽しかったです。次は、F1日本グランプリが開催されている鈴鹿サーキットへも行ってみたいです。

　鈴鹿サーキットの入園券（大人2000円、子供1000円、幼児800円、シニア1000円）、フリーパスポートの場合は800〜1200円の割引あり、駐車場代（1000円）、配当は100株当たり88〜104円の予想で、高配当が魅力です。

　チャートを見ると、2021年3月9日に1年3カ月ぶりの高値

を突破してきており、その後もみ合ったのち、さらに上にブレイクしているので、今後の値動きも楽しみにしています。

配当予想：88 円〜 104 円

権利確定月：3 月末日、6 月末日

株式優待の内容：100 株以上

3 月末……鈴鹿サーキット及びツインリンクもてぎの株主優
　　　　　待券。駐車場無料券 1 枚（5 名まで可、1 回限
　　　　　り）

6 月末……レース招待券（応募が多い場合は抽選）、カレン
　　　　　ダー（応募制）

ホンダ（7267）　約 10 年の月足チャート　東証 1 部

② MTG（7806）

美容ローラー「Rifa」、健康機器「SIXPAD」、化粧品などの企
画開発や販売をしている会社です。

この会社は、たまたまほかのメーカーのシャワーヘッドのCMを見て調べた際に、Rifaでも同様の商品があることを知りました。Rifaのほうがシャワーヘッドが大きくて水量が多く、部活から泥だらけになって帰って来る息子たちと一緒に使うのであればこちらのほうが断然いい。

　さらに、除去塩素などの機能がないので取り換える必要がなく、メインテナンスが楽で、コストも安く抑えられるところがいいなと思いました。

　同社は、巣ごもり消費及び自宅ケア需要の増加に伴い業績を伸ばしてきました。ワクチン接種が進み、巣ごもりが終わったあとも需要を伸ばせるかというところが懸念されますが、魅力的な商品を出しているので、今後も同社製品のブームが続くのではないかと思います。

　とくに、2021年5月17日に、日本初のVisaのタッチ決済対応のスマートリング「EVEING」の先行予約が3000個限定でスタートしましたが、なんと1日で完売しました。これはヒットするのではないかと、期待が高まります。

　2020年に立ち上げたマットレスブランドは、ストレッチ機能に特化した廉価版を投入して認知度向上を図っており、Rifaは目元に貼って印象を改善する商品を3月に発売。

　チャートを見ると、2020年の大幅増益や会社計画の発表により、株価が跳ねて以来、1700円台〜1900円辺りで行ったり来たりのボックス相場になっています。今後、業績の伸びが確認され、株価がそのボックス圏を抜けてくれば面白くなるなと思っています。

配当予想：0円〜5円

権利確定月：9月末日

株主優待の内容：MTGオンラインショップで利用可能なポイントを進呈。

100株以上：6000ポイント

500株以上：4万ポイント

MTG（7806）　約3年の月足チャート　マザーズ

③ Oakキャピタル（3113）

　漁網事業から投資事業にビジネスを転換。企業支援が主力事業となっています。事業投資、ブランド投資も。

　この会社は、銀食器で有名なクリストフルの優待券がもらえます。2020年から優待についていたハワイリゾートゴルフ無料券がなくなりましたが、クリストフル特別優待券ついては、1万株以上保有株主への優待、3年以上の長期優待が新設されました。

現在、株価も業績も低迷中のため、100株当たりの優待利回りが3年未満で17%、3年以上になると34%となり、驚異の優待利回りとなります。今から、銀食器でそろえられた食卓でご飯を食べている姿を思い浮かべるとワクワクします。

　業績は赤字が縮小してきており、企業の資金調達需要は旺盛で、しっかりとした業績の回復が確認されれば、非常にお得な優待株ではないかなと思います。

　2021年6月11日に年初来高値を突破してきましたが、2018年から6倍も下がり、赤字転落した企業のため、投資先の業績がよくなり、2020年の6月の高値を超えたのを確認しながら慎重に見ていこうと思います。

権利確定月：3月末日
株主優待の内容：クリストフルの特別優待券
100株以上：保有期間3年未満2000円相当、3年以上保有
　　　　　　4000円相当
1000株以上：保有期間3年未満4000円相当、3年以上保有
　　　　　　8000円相当
1万株以上：保有期間3年未満1万円相当、3年以上保有1
　　　　　　万円相当

---

④バリューHR（6078）

　企業の健康保険の保険事業や健康に関するサービスをネットで提供。健保の設立、運営支援も行っています。
　健康に特化した会社なので、優待も健康に関連する事や物が楽

Oak キャピタル（3113） 約10年の月足チャート　東証２部

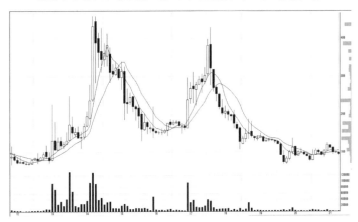

　しめます。福利厚生としてのレジャー施設の入場券や映画鑑賞券の前売り、旅行の割引、マッサージや健康関連グッズ、健康食品などで幅広く優待を楽しめます。

　３年以上継続保有で優待額が倍になるのもうれしいところです。

　この会社は、2021年６月10日に３カ月ぶりの高値をとってきました。検診予約システムは、新規顧客獲得や既存顧客からの受託業務の増加で伸びており、業績も大幅反発しています。

権利確定月：12月
株主優待の内容：6000円相当の自社カフェテリアプラン年会
　　　　　　　費無料、自社カフェテリアポイント2500
　　　　　　　ポイント

バリュー HR（6078）　約7年の月足チャート　東証1部

⑤ヒューリック（3003）

　旧富士銀行の銀行店舗をしていた同行の不動産管理部門から出発しており、現在は不動産投資会社として都区内に好物件を所有。私募不動産ファンドも運用している会社です。

　この会社は、営業利益率が30％近くあり成長も著しく、新機軸として物流施設開発に参入しています。「配当＋優待率」が高いのも魅力です。

配当予想：38円〜40円

権利確定月：12月

優待優待の内容：カタログギフト（300株以上3000円相当）

ヒューリック（3003） 約10年の月足チャート　東証1部

　欲しい優待株を買ったあとは、優待品が送られてくるのを楽しみに待ちましょう。

　自社商品の詰め合わせセットやクオカード等の金券は、いつも人気があります。権利付き最終日に対象となる株を保有していたら、すぐに優待品が送られてくると思いがちですが、実際には、配当落ちから2～3カ月後となります。

⑥ヤマダホールディングス（9831）

　優待投資については、積極的にはしておりませんでしたが、ヤマダホールディングスは、高利回りの銘柄のため長期で保有しています。1000円につきヤマダ電機等で500円のチケットが1枚使えるものです。ヤマダ電機では、電化製品だけでなく薬局や食料品やドリンクなども売っているので、日用品にも使える大変便利な優待です。

購入した理由は、マネー雑誌で優待率の高い銘柄として載っていたことと、自宅近くに店舗があったことです。こちらの株は、残念なことに、2021年2月4日に株主優待が改悪されてしまい、優待率が減ってしまいました。

　優待改悪の発表後、一時的には株価が下がりましたが、2月4日に発表された第3四半期の決算発表で、企業努力が実り利益が改善されていること、配当が1株当たり最低ラインの10円だった場合でも、「配当＋優待利回り」が4.3％になることから保有継続を決めました。

　株価も上がったり下がったりを繰り返していますが、今までの利益も大きいので、「配当＋優待率」が2％以下か、配当と優待が廃止になるまでは保有継続予定です。

（株主優待変更前）

2017年3月、578円×100株＝5万7800円で購入。

100株以上保有

3月末：500円×2枚（1000円分）

1年以上2年未満の継続保有（500円×3枚1500円分追加）

2年以上継続保有500円×4枚（2000円分追加）

9月末：4枚（2000円分）

1年以上2年未満の継続保有（500円×1枚追加）

2017年：優待1000円＋2000円＝3000円（配当＋優待利回り7.4％、配当1300円）

2018年：2500円＋2500円＝5000円（配当＋優待利回り10.9％、配当1300円）

2019 年：優待 3000 円 + 2500 円 = 5500 円（優待利回り 11.7
　　　　　％、配当 1300 円）
2020 年：優待 3000 円 + 2500 円 = 5500 円（優待利回り 11.2
　　　　　％、配当 1000 円）

2020 年度までのインカムゲイン（配当 + 優待）は、 2 万
3900 円になり、 4 年間の保有で、購入価格の 41％をいただ
いたことになります。

（株主優待変更後）
100 株保有の場合
3 月末 500 円× 1 枚
9 月末 1000 円× 2 枚
2021 年：株主優待 500 円 + 1000 円 = 1500 円
　　　　　優待利回り 4.3％（配当 1000 円と仮定）

　年に 2 回送られてくるので、そのたびに、何に使おうかなといつも考えます。
　家族で使う電動歯ブラシや、洗濯機、カメラの望遠レンズ、子どもへのプレゼントのソニーのウォークマンの費用の一部に使ったのを覚えています。何も欲しいものがない場合は、お菓子やドリンクなどに使いました。

ヤマダホールディングス（9831）　約10年の月足チャート　東証1部

株主優待を使うことで、さらに株式投資が楽しくなりますね。

（A）企業の自社製品を利用するので、その企業の良し悪しが
わかります。行動範囲が広がる。
（B）流行りのものに出会える。
（C）家族に喜ばれる。

などの利点が挙げられますので、ぜひ、お気に入りの企業に投
資して、優待生活を楽しんでください。

　優待株投資は、まだ始めたばかりでどのような結果になるかわ
かりませんが、今回、一緒に優待株をスタートした仲間と情報交
換をしたり、優待株投資家さんのブログなどを参考にしながら次
の3つで楽しんでいます。

■ 株価の上昇局面　値上がり益＋株主優待を楽しむ
■ 株価の横ばい局面　優待を楽しむ
■ 株価の下落局面　優待利回りが高いので買いのチャンス

この3つを楽しみながら、株式投資で得た利益で少しずつ優待株を増やしていきたいと思います。10年後が今から楽しみです。

② お多福さん：優待銘柄で長期投資をする主婦

私は、13年前に関西から東京に引っ越してきてすぐ、ずっと行ってみたかった東京ディズニーランドに家族で行き、その後、長男が小学校を卒業するまで、毎年家族で訪れておりました。

家族で行くとチケット代、食事代、グッズ等のお土産代などで、東京に住んでいても数万円コースです。

関西に住んでいた時は、長期休暇になると友人が家族で東京ディズニーランドやディズニーシーに行くという話題がのぼり、うらやましく思っていました。しかし、地方から家族で行くとなると、交通費や宿泊代を含め、軽く10～20万円かかるのではないかと思います。

先日、優待株の勉強をしている時に聞いた話ですが、大きく値上がりした過去の例で、東京ディズニーランド・シーを運営するオリエンタルランド（4661）があったのです。

ディズニーリゾートのホテルも、ホントに素敵なホテルですよね。それだけ出しても、何度も訪れたくなるというのは、よっぽど魅力があるということです。

オリエンタルランド（4661）　約10年の月足チャート　東証1部

　当時は、個別株式投資はほとんどやっていなかったのですが、早く個別銘柄投資に出会って、優待ポートフォリオ投資を勉強すればよかったなと悔やまれます。

　100株購入すると、毎年1枚のディズニーランド・シーの優待券がもらえるので、人気の企業になりますが、10年前と比べると約12倍の株価になっているのです（2011年の安値3月15日1500円→直近の高値2021年2月18日1万8640円）。

　また、同じような銘柄にヤーマン（6630）があります。ヤーマンは美顔器などを扱っている会社ですが、コロナショック直前の高値、2020年2月6日の702円から1カ月後の3月13日には、386円と約55％もの下落となりましたが、3営業日後の3月18日には、634円まで回復し、4月9日には721円をつけ、コロナ前の高値を抜いてきました。

当時、ヤーマンの美顔器が欲しくて、株価が急落するなか、毎日電卓で優待利回りなどを合計して、なんてお得なんだと考えました。でも当時は、優待株についてよく知らなかったので、結局眺めるだけで終わってしまいました。

きっと、このような暴落の時こそ、利回りが高くなることを知っている賢い投資家さんはたくさん拾ったことでしょう。

ヤーマン（6630）100株を2020年3月13日に購入した場合、次のような「配当＋優待利回り」になっていました。

配当：1株当たり3.6円

優待：1年未満 5000円

　　　1年以上 7000円

　　　2年以上 1万円

　　　5年以上 1万3000円

配当＋株主優待利回り：

1年未満：配当360円＋株主優待チケット5000円分＝約13.9％

1年以上：配当360円＋株主優待チケット7000円分＝約19％

2年以上：配当360円＋株主優待チケット1万円分＝約26.8％

5年以上：配当360円＋株主優待チケット1万3000円分＝約34.6％

私の末っ子が小学校に入り、時間の自由が利くようになったので、パートに行くよりいいのではないかと、3年ほど前から株式投資の勉強をスタートしましたが、第2のオリエンタルランド、ヤーマンのような銘柄に出会えるのを楽しみに、優待銘柄を発掘

できたらなと思います。

ヤーマン（6630）　約10年の月足チャート　東証1部

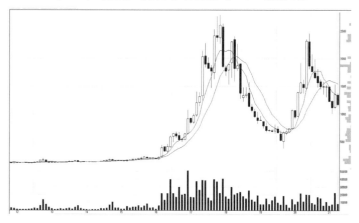

❸ 愛鷹さん：優待投資とテンバガー投資を実践する投資家

　私は2008年の個別株投資開始以来、過去、日本株59社でテンバガー（10倍株）を経験してきました。そのうち現在も優待制度のある銘柄は19社でした（廃止も含めると22社）。

　つまり、3割超のテンバガー株が優待株でもあったことになります。そもそも株式投資で初めて購入した株も優待株、初めてテンバガーした株も優待株、現在保有している銘柄の過半数も優待株と、優待株に始まり優待株とともに投資道を歩んで今にいたります。

　そこでテンバガーにいたった優待株について、この場を借りて振り返ってみようと思います。

　まず、テンバガーとは株価が10倍化した株のことを指します。

投資を始めた方ならどなたも一度は耳にしたことがある言葉だと思いますが、その由来をご存じでしょうか？

バガーとは野球用語で"塁打"を意味し、1試合で10塁打を記録するくらいの大活躍した選手に株価のイメージを重ねて、大化け株の代名詞として米国のウォール街で使われたのが始まりです。

私は投資を始めて数年後にその言葉を耳にし、意味はここで書く際に調べて、初めて知りました（笑）。

過去59社の銘柄でテンバガーを経験してきた実感から言いますと、テンバガー投資は運の要素が非常に強く、狙ってとるのは至難の業。テンバガーは人気に拍車がかかり短期急騰するものも時折ありますが、その多くはジワジワと株価が伸び数年間を経てようやく手にできるものが多かったのです。

つまり、あなたの「株の握力（株を長期に保有する力）」がモノを言います。

いっぽう、優待投資は株価が短期で顕著に伸びる派手な業種は少ないですが、優待が継続する限りは毎年その恩恵に与かることができ、企業戦略が時代にマッチすれば著しい企業価値の向上により徐々に人気化する銘柄が時折誕生してきました。

つまり、テンバガー投資、優待株投資のどちらも、株主として十分な恩恵を受けるには長い時間を要するということです。

優待投資とテンバガー投資。これらを投資戦略的観点から考えてみます。

優待投資は最低単元を保有するだけで最大の恩恵を受けられる

ことがほとんどです。つまり、浅く広く多くの優待銘柄に張ることで享受できる恩恵を最大化することができます。

　また、テンバガー投資も当てるだけなら、「下手な鉄砲数撃ちゃ当たる」。ある程度、業種等を絞ったうえで、できるだけ多くの銘柄に張ることで当たる確率を最大化させることができます。

　つまり、テンバガー投資と優待投資には通ずるものがあるのです。優待の権利取得に足る最低単元を現物で長年握っていただけの「優待株がいつの間にかテンバガー株」に、というのは過去の実績が示しています。

　ここまで読んでみてどうでしょうか？　優待株でテンバガーをいくつも当てるというのも投資戦略として実践するのはそれほど難しくはないと思いませんか？　それに成長性に自信を持つことができる優待銘柄であれば、集中投資すればいいだけなのです。

　ただ、今回のコロナ禍のように、人の流れの影響を多分に受ける銘柄が優待銘柄では多いため、優待の休止や廃止、改悪などの適時開示には注意が必要です。

　実際、業績は二の次で優待取得だけを目的として保有していた銘柄が優待廃止や改悪になった場合は損切りしたことが何度もあります。

　では具体的な過去の実例を見てみましょう。私が経験したテンバガー優待株の上昇率上位10銘柄をピックアップして表にしました。

● テンバガー実績のある優待銘柄 TOP10

銘柄	社　名	最大倍率(%)	参戦年	10倍化年	優待内容
7085	カーブス	458.7	2008	2020※	100 株：500 円クオカード
2157	コシダカ	84.8	2008	2011	100 株：2000 円優待券など *
2379	ディップ	72.5	2008	2014	100 株：500 円クオカード
2222	寿スピリッツ	38.6	2010	2016	100 株：2000 円製品など
2127	日本 M&A センター	37.9	2012	2017	100 株：コシヒカリ 5kg
7679	薬王堂	36.6	2011	2014	100 株：お米 3kg など
3387	クリエイトレストランツ	35.5	2012	2015	100 株：2000 円食事券など *
2930	北の達人コーポレーション	31.6	2016	2017	100 株：カイテキオリゴ
7148	FPG	26.6	2010	2015	1000 株：2000 円ギフトカードなど *
4348	インフォコム	18.7	2013	2018	100 株：1000 ポイントなど *

※ 2020 年に 2157 からスピンオフ、* 長期優遇あり

※黄マーク：購入後に優待新設、青マーク：購入後に優待拡充、緑マーク：購入後に優待新　設＋購入後に優待拡充

テンバガー銘柄の例：北の達人コーポレーション（2930）約7年の月足チャート　東証1部

カーブス（7085）は特殊要因による異常値ですので除くとして、ほかの9銘柄は買ってから10倍化まで平均4年を要しています。また、購入時には株主優待のなかった銘柄が過半数で、購入後に新設されたものが多いです。

　優待新設を先読みしていたわけではありませんが、新興市場の中小型銘柄で好業績を発表している、かつ自社商品やサービスを提供可能で事業内容とシナジーのある優待品を提供できそうな業態であれば、寿スピリッツ（2222）やクリエイトレストランツ（3387）、インフォコム（4348）のように、上場後に優待新設の可能性があります。

　また、自社サービスとは直接的に関係なくとも利益率の高い事業構造であるディップ（2379）、日本M&Aセンター（2127）やFPG（7148）等の場合も優待新設される可能性が高いように思います。

　しかし、株価のその後の伸びを考えると、優待新設で急騰した際に高値づかみしたとしても全員を救って余りある株価の上昇率を示しているため、その後の事業の成長性や独自性に投資できると判断できれば優待新設後に買うのも一手です。

　最近は優待の権利獲得のための最低単元株数の引き上げや長期保有が条件になる等、優待権利を得るための条件が以前より難しくなっていることを考えると、利回りがよければ新設後に新規買いする、あるいは買い増すのもありかと思います。

　テンバガーとなった優待株以外にも数百の優待株を保有していますが、私は利回りが自身の基準を満たすようであれば購入するようにしています。

　私の優待株の購入基準は「優待利回り 1 ％以上」。配当と合わせた総合利回り 4 ％を基準に投資するのも一手かとは思いますが、100 株で 10 万円を超えない取得単価の銘柄の場合は、購入後に株価が下がった際の含み損の額もしれているため、利回りが基準を超えていれば打診買いを入れます。

　成り買いする必要はないですが、地合いに引きずられて自身が含み損を許容できると思える指値で購入できればいいかなと……。といっても、株式投資の基本は企業価値にありますので業績が好いことが大前提。業績の悪化が見込まれているのに優待を目的として無理に入る必要はないため、優待銘柄の場合は、業績の向上や復活が見込めてから購入しても遅くはないと思います。

　優待をもらいながら、あわよくば株価上昇も見込めるくらいの軽い気持ちで購入してみるのがよいのではないでしょうか？

　それぞれの銘柄を当時購入した理由としてはさまざまですが、いくつか例を示したいと思います。

　コシダカ（2157）は、2008 年の購入当時 10 万円以下で 5000 円のカラオケ券が毎年もらえるという破格の優待利回りであったため、お買い上げ。

　ただ、購入日が権利付き売買最終日だったこともあり、購入翌日から 2 連日ストップ安となった苦い思い出もある銘柄です。

　しかし、業績の好さは決算の度に実感でき、ビジネスモデルもカラオケ業態というよりは好条件の不動産居抜き業態として捉えていましたので、安心して握っていられました。保有歴は購入から 14 年を超えましたが、引き続きカラオケを家族や株友らと利用させてもらいながら復活を信じて保有しています。

ディップ（2379）は、高利回りの配当目当てで購入した銘柄で、購入当時の2008年は2.5万円で800円と高利回りだったため、お買い上げ。

その後、AKB48を起用したCMが大当たりし、AKB人気も相まって株価も一気に上昇。バイト紹介サイト「バイトル」のヒットで、業界首位に成長しました。

毎年、さまざまなタレントやスポーツ選手を起用したクオカードが送付され、毎年その図柄を楽しみにしながら保有しています。

寿スピリッツ（2222）は、業績の上方修正をきっかけに2010年当時購入しました。業態がお菓子の製造販売でも、お土産品に特化していたこともあります。

旅行が好きで、各地を旅してはお土産を購入していたため、M&Aでニッチな分野で業容を拡大しようとしていたことも確認できたため、お買い上げ。その後、起業再生屋ブランド育成が功を奏し、インバウンド需要の波に乗り業績も急成長。今は新設、その後の拡充を経た優待を毎年もらいながら、コロナ後の再成長を楽しみに応援しています。

日本M&Aセンター（2127）は、経済系新聞の営業利益率ランキングの特集で上位にランキングしており、その記事に興味をもって決算短信を読みました。

PERは高かったものの、労働力の高齢化により人手不足は深刻化し、とくに中小企業の後継者不足が悪化していることを各種報道で見ていたこともあり、息の長いテーマになり得ると判断して、お買い上げ。

寿スピリッツ（2222）　約10年の月足チャート　東証1部

　その後は、事業承継案件の増加によりM&Aの先駆けとして
上場したこともあって業績は急拡大。コロナ禍や世界の経済情勢
に左右されることなく、好景気も不景気も追い風にして連続増収
増益を積み重ね成長を続けています。

　クリエイトレストランツ（3387）とFPG（7148）は、銘柄選
別を手探りでしていた当時、毎日のように目を通していたとある
株ログを拝読して、お買い上げ。
　決算短信を読んで好業績を確認できていたため、そのまま握っ
ていたら優待拡充などもあり、株価は高騰。コロナ禍の現在は非
常に厳しい状況ではありますが、パンデミックは一過性の現象。
すぐにはコロナ前に完全に戻らないまでも徐々に正常化すると考
え、コロナ禍でも維持し続けている優待券に感謝しながら引き続
き応援していきます。

以上、いくつか個別に振り返ってみましたがいかがでしたでしょうか？　特別に難しいことを考えて選びに選び抜き投資していたわけでなく、気軽にふっと買って握っていたら成し遂げていたのが実情です。

　「買うは易く握るは難し」
　「言うは易く行うは難し」

　コロナ禍で業績面では苦しむ企業群の多い優待銘柄たちですが、自粛は一時的な措置にすぎず、徐々にですが経済も生活も正常化していきます。
　あなたが愛用するサービスや商品を手がける優待銘柄を最低単元だけでも持ち続けてみると、その銘柄群の中から数年後にテンバガー銘柄が飛び出てくるかもしれませんよ。
　「Let's テンバガー投資！　ワッショイッ!!」

4 成長株テリー：優待銘柄ポートフォリオ投資法

　私は、株式投資歴過去約30年で、主に成長株投資で数億円単位の資産を築き上げてきました。これまでは、3年以上も成長株銘柄を保有していたことはほとんどありません。おおむね、成長株の株価が3〜5倍くらいになったら売り時ということで、そのような銘柄は、全銘柄を売却していたからです。
　2021年2月に『日経平均5万円時代がやってくる〜2030年までの株式市場、大胆予測』（パンローリング）という書籍を書かせていただいて、今後は日本も「緩やかなインフレ社会」になるという想定のもと、5年超の長期投資をやろうと考えていました。

その際に、実家の会社で優待券を上げた女性従業員が、その優待券を使ってとってもよかったという感想をもらって、これが優待銘柄ポートフォリオ投資をするきっかけになりました。

たまたま、2021年3月に買った日本郵船（9101）という銘柄にも、高級客船「飛鳥」のクルーズ割引券などがついていたこともきっかけとなり、優待のある銘柄を選んで優待銘柄約70銘柄に投資をして、優待銘柄ポートフォリオ投資を始めました。

もちろん、配当金と優待券を使って楽しみながらも、大きく値上がりする銘柄の値上がり益もとっていく投資を組み合わせると、面白くて楽しい優待銘柄投資ができるという発想になり、それから約7カ月が経過しています。

そして、優待銘柄が大きく上がる銘柄を「優待離脱銘柄」と呼んで、買い増しをして大きな値上がり益をとっていくという投資法を組み合わせると面白いと思い、この本も書かせてもらいました。

実際には、3カ月も経たないうちに、優待離脱銘柄に追加投資をして、大きく値上がり益をとることもできています。例えば、ローランドディージー（6789）という優待銘柄です。

チャートの丸部分、約1860円で300株を買って、株価が2000円を超えたところで3000株の買い増しをしました。現在、3300株を保有しています。すでに、100万円を超える含み益があります。

ローランドディージー（6789） 約10年の月足チャート　東証１部

ローランドディージー（6789） 約３年の週足チャート　東証１部

● 当初、優待株として買った300株の状況

ローランドDG 6789 東証	法人	300 (0)	1,862	2,702 —	810,600 —	252,000 45.11%

　すでに、その300株も25万円を超える含み益があります。

　経常利益予想から見ると、まだまだ割高ではない株価なので、しばらくは継続保有をして、株価が3000円を程度になったら、買い増しをした3000株を売却する方針としています。もちろん、3000株を売却後も、300株については保有を継続する方針です。

　このほかにも、優待銘柄ポートフォリオ投資を開始して、3カ月で、優待離脱銘柄を数銘柄買い増しています。優待銘柄ポートフォリオ投資を始めてから約3カ月で、このような結果を残せるようになっています。

　私の場合、最大3000万円の投資資金で優待銘柄ポートフォリオ投資をしています。2500万円で優待ポートフォリオを作って、残りの500万円については、追加投資をするための資金としてとっておくようにしています。

　なので、優待ポートフォリオの銘柄数も200銘柄くらいに分散投資をすることになります。この200銘柄の中から、優待を離脱して大きく値上がりをしそうな銘柄に追加投資をしていく方針でやっています。

　また、中長期的な投資を考えているので、5年で2〜3倍くらいの優待ポートフォリオ、10年もこの投資を継続すれば約3.4倍の1億円に達するような優待銘柄ポートフォリオ投資となることを想定しています。

5 優待投資の参考になる、そのほかの著名優待投資家

著名な優待投資家さんのブログを見ると、どのような優待ポートフォリオ投資をしているのかという点で参考になります。

① かすみちゃんの株主優待日記（優待ブログ）
(https://kasumichan.com/)

株主優待品で生活出費をまかなっている人気ブログ（2021年7月で17年）です。

塩漬けになった保有株の1つ東京急行電鉄（東急：9005）の優待券がチケットショップで販売されているのを発見し、どうせ塩漬けなら優待券をもらって少しでも得をしたいなということから、優待投資家に。

2003年「@株主優待」というサイトを見て、外食優待株があることを知り、何も調べずにコロワイド（7616）松屋フーズ（9887）ワタミ（7522）を購入したのが、初めての優待株。

最初に到着したコロワイドの2万円優待カード。懸賞があたったようなうれしさは今でも忘れられないそう（ホームページの自己紹介より）。

長い間、優待ポートフォリオ投資を生活に即した形で投資している女性投資家です。

② 夕刊マダムの悠々優待生活♪
(https://ameblo.jp/yuukanmadam/)

元客室乗務員で、投資歴35年以上のベテラン投資家さん。2004年からブログを始められており、月間PV数は10万（2021年6月現在）。

　彼女が株取引を始めたのは、まだネット証券もなく取引手数料も高かった頃のようです。株取引を始めたきっかけは、よく行っていたレストラン「ジョナサン」（すかいらーくホールディングス：3197）が高額の優待券を出していると知ったことです。

　優待銘柄が「面白いな」と思ったきっかけは、あるパン屋をどんな会社が経営しているのかを調べてみると、その会社はほかにもおしゃれなカフェを経営していて、優待によってどちらのお店もお得に使えたのです。

　いわゆる、ホールディングス（持ち株会社）がいろいろなお店を運営していれば、優待の使い道も多くなってより魅了的になると思ったそうです。

　株取引は、実生活に根づいた主婦の目線からでも、これからどんな企業が伸びていくかを見極めることができるのです。ニュースにしても、ちょっとしたウワサ話でも、気になったことがあったら、それをちょっとネットで調べてみましょう。

　意外な儲かりの種を見つけることができるかもしれません。購入銘柄をしっかり厳選することは必須ですが、同じ資金を使うにしても、頭の使い方次第で利益は大きく違ってくるのです。こうやって、いろいろ考えることを夕刊マダムさんは「頭の体操」と言って楽しんでいるのです。

　『安心＆得する株主優待ベスト100』（宝島社）は、主婦ならではの視点と独自の投資術で、しっかり資産を築いていこうという書籍です。例えば、サニーサイドアップグループ（2180）の bills のパンケーキなどハイセンスな優待品が多数紹介されています。

株式保有数：かなり

銘柄の選び方：急成長銘柄の小型株

株の情報の集め方：Yahoo！ファイナンス、ブログ仲間のブログ

利用している証券会社：マネックス証券と松井証券

マネックスは、昔のセゾン証券のころから使い続けています。松井証券は、50万円までの場奪い手数料が無料なので、今ではこちらを中心に優待株を増やしていっています。

銘柄の選び方：なるべく優待が金券のものを選んでいます。あとは、高配当銘柄も注目しています。

セブン銀行（8410）やENEOSホールディングス（5020）、大手商社などの配当の高いものは、優待がなくても保有しています。

良かった優待：

ツカモトコーポレーション（8025）のラルフローレンの可愛いタオル。

サニーサイドアップ（2180）のハワイでも使える優待券。

サックスバーホールディングス（9990）のトランク。

ヤマウラ（1780）の飲むヨーグルト。

ファンケル（4921）の優待券のおまけでは、銀座のロイヤルルームに入れました。

③**株主優待 YouTuber わっけ**
(https://wakke.net/)

2018年1月に開設された、株主優待や高配当銘柄を中心に投

稿されているわっけさんの、金融機関に勤めるアラサー男子が実際に受けたよくある質問に対して開設したYouTubeチャンネル。主に投資が初めての方、初めて間もない方に向けた内容になっています。

　株取引を始めたきっかけは、「本業以外に収入があったらいいよな」と友人と話している時に、自然と株式投資に興味を持ったそう。
「株で儲ける」というと、「安く買って高く売る」というイメージを持つ人が多いと思いますが、株式市場には、大きな資金を元手に儲けを狙う投資のプロ（機関投資家という）もいるので、素人が簡単に勝てるわけではないのです。
　そこで、素人でもしっかり儲けていくことができるのが、優待や配当なのです。ある意味、「ほったらかし投資」でも利益を得られるのが、優待や配当を得ていく「長期投資」となります。
　ただし、どんな銘柄に投資するかについては、過去5年分の企業の業績をきちんと見て赤字になっていないかなどをチェックしなくてはいけません。
　優待の良いところは、着実に利益を獲得していくことだけではなく、優待のギフトが家に届くのを家族全員で楽しみに待っているところにもあるそうです（『安心＆得する優待投資ベスト100』より）。

④サラリーマン投資家クロノの投資ブログ
（https://chrono-investor.com/）
　米国株、日本株、ソーシャルレンディング、IPO、株主優待といろいろな投資法で資産運用してメンタル（精神的）なアーリー

リタイアを目指している、理系サラリーマン（研究者）のクロノさんが、サラリーマン向けの投資について日々情報発信しています。

クロノさんは、リーマンショック後に就職されたので将来の生活不安が大きく、銀行で相談してみましたが、明るい見通しが持てず投資に興味を持ちました。

金利の低い銀行預金に頼るだけではダメで、「投資しないことのリスクがある」と感じたそう。最初は、自社株の積み立てから始め、REIT（不動産投資信託）や投資信託を経て、株式投資にたどり着きました。アベノミクスの影響もあって、株価が上昇していた時期です。

クロノさんは、理系の方らしくきわめて合理的な考えに基づいて株式投資を行っています。将来的には、会社の給与や年金だけをあてにするのではなく、自分でも資産を築いておけば、老後に向けて自由な生き方を選択できるようにしておきたいと考えながら資産形成をしているようです。

そのためにも、短期的な株価の上下に惑わされず、長期的な視点で投資に取り組んでいます。銘柄を選ぶ時には、優待や配当の良さだけでなく、企業の業績が黒字体質になっているか、10年間の売上が伸びているかなどをチェックしています。

保有株数：1000 ～ 2000 銘柄
株の情報の集め方：毎日「TDnet」の適時開示情報閲覧サービスで、株主優待の新設・廃止・変更の情報をチェック、会社の業績などは、SBI証券の銘柄情報や、四季報を利用。
利用している証券会社：SBI証券

　株の勉強法：最初はマネー雑誌や初心者向けのムック本から
スタート。その後いろいろな書籍を読んだ中で、ジェレミ
ー・シーゲルの『株式投資の未来』がお勧め。

⑤株主総会お土産日記
(https://ameblo.jp/mtips)

　株主優待歴 10 年、毎年 100 万円相当の優待と配当を手に入れ
るカリスマ優待主婦まる子・mtips さん。主婦目線ならではの優
待銘柄が人気のブロガーです。

　彼女のブログを読んでいると、株主総会に出る楽しさや楽しく
優待を使う楽しみ方がよくわかります。

⑥みきまるの優待バリュー株日誌
(https://ameblo.jp/mtips)

　優待株の中から、割安で総合戦闘力が高い銘柄を選別し 2 ～ 3
年の中期の時間軸で戦う「優待バリュー投資」を実践。何があっ
ても決してあきらめず、少しでも偉大な投資家になることを目
指して日々精進しています（みきまるファンドのプロフィールよ
り）。

　彼のブログや YouTube を見ても、企業から届く優待品を楽し
んでいらっしゃる様子が見てとれます。2020 年のコロナショッ
クのように、株価が急落することも何年かに一度必ずあります
が、優待投資家さんは、基本的には購入した株を売らないで、優
待利回りが高くなったところで、バーゲンセールのように買いま
くっているようです。

優待投資家にとって一番大事なことは、優待が廃止にならないかどうかということです。会社の業績が良くないと株主優待が廃止になったり、あるいは改悪される場合があるので、最低限の優待銘柄の業績予想は調べる必要があります。もし無配等や優待の改悪のようなことになった場合は、売ることも検討します。

　彼が優待銘柄を売る時は、優待が廃止になった時と廃止にならなくても優待をもらえる条件が厳格化されたり総合利回りが下がった時のようで、基本的にどのような局面でも楽しめる優待投資法だということがわかります。

　さて、コロナウイルスのニュースが毎日流れていた自粛期間からワクチン接種を終えた人たちが次々と巣ごもりから抜け出し、いよいよ個人消費が活発になり、業績が上向く企業が多くなるかもしれません。

　コロナショックで株価が低迷していたので、優待利回りも改善しており、１％を超える優待銘柄もゴロゴロ転がっています。なかには、10 ～ 20％のものまでありますので、これから優待投資家が一番楽しい時期に入るでしょうという予想もしているようです。

　彼の優待ポートフォリオ投資は、この本の第４章に記した優待成長銘柄を組み込んだものに近いものかもしれません。

<ヒント> なんで著名な優待ブロガーのブログを読むの？

なんでケロ先生は、著名な優待投資家のブログやツイッターを
読んだりするの？？

さらちゃん

ケロ先生

　　　　　　そうだね。あまり難しく考えることはないよ。著名なブロガー
さんは、優待投資を楽しんでいることがわかるし、いろんな優待があるこ
とをブログなどで伝えてくれるからね。

例えば、今月はこの優待銘柄の優待がいいから、その銘柄を買いましょう
なんていうのもあるし（笑）。

個人投資家は、株式投資に割ける時間も限られるし、優待銘柄も約1500
銘柄もあって、自分の知らないような優待銘柄の内容を知ることができた
りするからだよ。

僕もよく思いついたように、優待銘柄を買う時があるけど、それは著名
なブロガーが紹介している優待銘柄を衝動買いしたくなるような時だね
（笑）。

例えば、もう20年以上優待ブログを書いている「夕刊マダム」さんなど
が挙げられるね。

第 7 章

なぜ、
優待ポートフォリオ投資が
いいのか？

今だからこそ、優待投資を始めよう

　これから約10年、日本の黄金時代がやってくるかもしれません。これまでは結果的にデフレという現象が続きました。しかし、そこから大きく脱却して、「緩やかなインフレ時代」が到来することが想定されます。

　そんなインフレ時代がやってくる中で、「株価とインフレ時代との関係」は、どのようになっていくのでしょうか。

1 株価とは、そもそも何？ インフレとどう関係してくるのか？

　まずは、次の図式をご覧ください。

株価＝（企業の成長などによる将来の利益の合計）＋（インフレによる利益の増加）

　株価にはこのような考え方ができます。

　例えば、現時点で株価が1000円であった場合に、総合利回りが5％になっている株価の内訳が何なのかを、細かく分解して考えましょう。

　次ページの表のように、インフレが2％で、会社の配当などの総合利回りが変化しない場合と、5％ずつ改善していく場合とを比較すると、想定される株価は以下のような結果になります（1000円×5％＝50円／年間がもらえると想定します）。

● 株（配当）とインフレの関係

年度（年）	利益がまったく増えない場合（ケース①）	利益の部分	インフレによる部分	利益が毎年5％ずつ増える場合（ケース②）	利益の部分	インフレによる増加分	利益が毎年5％ずつ減少する場合（ケース③）
0	50			50			50
1	51	50	1	54	53	1	50
2	52	50	2	57	55	2	50
3	53	50	3	61	58	4	50
4	54	50	4	66	61	5	50
5	55	50	5	70	64	7	50
6	56	50	6	75	67	8	50
7	57	50	7	81	70	10	49
8	59	50	9	87	74	13	49
9	60	50	10	93	78	15	49
10	61	50	11	99	81	18	49
想定合計	608	500	58	793	660	83	546

※単位：円

　この表のように、10年間利益が増えない場合の株価は608円で、利益が毎年5％増えると793円になり、利益が毎年2％と減るとすると546円になります。

　ただ、2％のインフレが続くとすると、今の50円は、10年後には約58円になります。加えて、緩やかなインフレ（約2〜3％）になると、企業は消費者の消費活動が活発になって利益を上げやすくなります。そうなると、年間で5％程度の利益の増加を続けることが、簡単にできるようになります（表のケース②）。

　例えば、現在200万円する自動車が、翌年220万円になるようなケースで考えるとわかりやすいかもしれません。

すると、今の時点200万円で買えるものをすぐに買っておこうとします。現在、実際に日本の中古車市場でも同じような現象が起こっていますが、このような現象が起こって、日本経済も活性化していくということになります。

　逆にデフレ（年間▲1％〜▲2％のインフレ）になると、企業は消費者の活動が不活発になるので、利益の増加を続けることが難しくなります（表ケース③）。このような状況が続いたのが、1997年からの約25年だったのです。

2 緩やかなインフレ時代の到来と日経平均株価

　このように日本でも、現在は「緩やかなインフレ時代」が到来しようとしています。過去約25年も続いたデフレ時代が終わって、日本経済が大きく成長する時代がやってきているのです（次ページ）。

　日経平均株価とは、このような日本を代表するような企業の株価の集合体（225銘柄）ということになります。日経平均が右肩上がりに上昇していくということは、緩やかなインフレ時代が到来して、企業の利益が上がりやすい経済状況が続くことになります。

　年率2％程度の緩やかなインフレであっても、お金（現金）の価値は、10年もすれば3割くらい減価（価値が落ちる）していくことになるでしょう。

　実際に、2018年頃のコンビニのお弁当の平均的な価格は400円くらいでしたが、今は材料が高くなったことや作るのにかかる人件費が高くなったこともあり、2021年には平均的な価格が500円を大きく超えてくるようになりました。インフレを真っ先に反映する食料品等は、すでに20％程度値上がりしているのです。

● 日経平均と日本経済の変動 (イメージ)

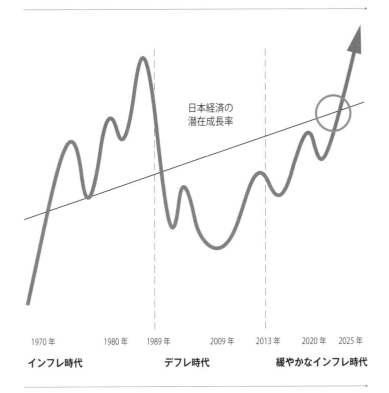

日本経済の
潜在成長率

| 1970 年 | 1980 年 | 1989 年 | 2009 年 | 2013 年 | 2020 年 | 2025 年 |

インフレ時代 **デフレ時代** **緩やかなインフレ時代**

出所：『日経平均 5 万円時代がやってくる』より

　また、家賃以外の物価は、大半が値上がりを続けている状況と
なっています。地方に行くと空き家がたくさんあることを見ても、
しばらく家賃は上がらない状況と言われていますが、東京などの
7 大都市圏では家賃の値上がりも見られるようになりました。

　お金の価値を先取りすると言われている株価指数や不動産の価
格は、すでにアベノミクスの高値を超えてきています。日本の代

表的な株価指数である日経平均株価は、2021年2月には、1989年のバブル崩壊以降の最高値を更新する3万1000円をつけています。過去における日経平均と景気などの状況は、前ページの図の丸部分が現時点と想定されます。

　とりもなおさず、日本の景気が回復してきていることを示唆するものとなっています。詳しくは、拙著『日経平均5万円時代がやってくる』で述べています。

　株式投資の初心者や景気のことがよくわからない方は、単に、これから数年間は景気がよくなっていく時代が続くと考えてください。

＜ヒント＞ 日本経済の夜明けがくるの？

ケロ先生は、これからが日本経済の大きな夜明けがくるなんて言うけど、どういう意味なの？？

さらちゃん

ケロ先生

　そうだね。日本経済は、1990年のバブル崩壊から経済の成長が止まったような状態になっていたんだよね。

それから約30年近くも日本経済がデフレ化して、国民の平均所得は減るし、大変な時代だったんだよ。

デフレになると、企業も儲けにくくなって大変なことになるんだ。人員削減や給与削減なんてことが起こって、国民の生活も苦しくなってしまうんだよ。

ところが、安倍元首相が2013年に開始したアベノミクス効果などもあり、日本経済を「緩やかなインフレ」にしようという試みがなされて、日

本経済が大きく変わってきたんだよ。

そのような状況を端的に表すのが、日経平均が2万4000円を超えて、約
30年ぶりに3万円まで到達したことなんだよ。日経平均株価は、日本の
景気の状況を示す重要な経済指標だからね。

①日経平均の超長期トレンド

　次の日経平均の長期チャートを見ても、過去約30年も超えられ
なかった3万円という大きな壁を超えてきています。

　アベノミクス開始からの大きな上昇トレンドが続いているので
す。2021年1月に2万5000円を超えてからもその上昇トレンド
は矢印のように続いています。

　加えて、東京の湾岸の高層マンションの価格も、1989年のバ
ブル時代に記録していた坪当たり単価400万円という最高レベル
まで高騰してきているのです。

日経平均チャート　約10年の月足チャート

②日経平均の１株当たり利益は史上最高を更新中

　実際に、日経平均株価の１株当たりの予想利益（EPS）は、最高水準の2000円を超えてきています。日経平均が約４万円を付けていた1989年には、１株当たり利益は約700円くらいでした。当時に比較するとその額は約３倍にもなっています。

　日本を代表する企業は、約30年かけて約３倍の利益を上げるまでに成長しました。今後は、緩やかなインフレ時代を迎えて、さらにこのような経済成長を続けていくことが想定されるからです。

　このような利益は、今後、まさに世の中の景気が良くなっていくことを示す状況といえるでしょう。今後の日経平均の１株当たり利益額と、日経平均の株価を想定してみると、以下のようになると考えています。日経平均の株価収益率（PER）を過去20年の平均的な数値の16倍を使うと以下のように日経平均株も想定されます。

◉１株当たりの利益と日経平均株価

　現在は、日経平均が３万円弱のレベルなので、2025年に４万8000万円になるとすれば、優待ポートフォリオも株式市場全体の状況に呼応して30％程度の値上がりが想定されます。また、大きく値上がりする銘柄も大きく増えることが想定されるのです。

	2022年度	2023年度	2024年度	2025年度
１株当たり利益	2,300円	2,500円	2,800円	3,000円
日経平均株価	36,800円	40,000円	44,800円	48,000円

❸ 現在の景気状況と優待ポートフォリオ投資の時代が到来

　2020 年春頃からコロナ禍に襲われた世界経済ですが、それからは、世界中で大規模な経済政策が打ち出されたことなどから、世界経済も回復基調に戻ってきています。アメリカの株価は現在も史上最高値を更新し続けています。

　日本経済においても 2018 年に景気の大天井を打ってから、約 2 年で景気の底打ちをしたような感じの状況となっています。コロナ禍による非常事態もそろそろ終わろうとしています。これから、飲食業や不動産業などの内需銘柄の業績も大きく回復していくことが想定されているからです。

● 株価 (日経平均) と景気の流れ

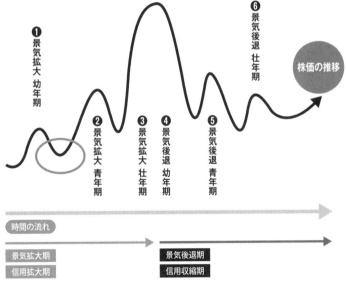

出所：『日経平均 5 万円時代がやってくる』より

現状の日本の景気は、前ページ図の丸部分にあると考えられ、これから大きく景気拡大が期待される局面にあるのです。

　このように、日本の内需関連を中心とした上場企業も、企業業績の改善や増配などが見込まれる状況にあります（下記図）。内需関連銘柄が多くある優待ポートフォリオ投資にはうってつけの投資環境になるからです。優待銘柄の多くの企業が丸a部分にあり、今後景気の拡大とともに、丸bのように業績が改善して、株価も大きく上昇する時期がくるということになります。

●株価（景気）と企業業績（経常利益と配当）の関係

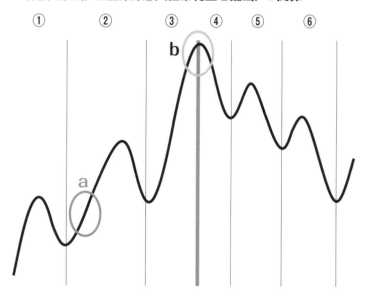

株価上昇期 （景気拡大期）		株価下落期 （景気後退期）		
減益・減配	増益・減配	増益・増配	減益・増配	減益・減配

出所：『日経平均5万円時代がやってくる』より

＜ヒント＞ なんで、これからは優待ポートフォリオ投資なの？

なんで今のタイミングで、優待ポートフォリオ投資なの？？

さらちゃん

ケロ先生

　　　　　　そうだね。コロナ禍で落ち込んだ日本の景気が、今後かなりよくなるタイミングとなっているからなんだ。

少し難しい話になるけど、景気には8年から12年程度の景気循環があって、今は景気拡大が始まって、これからかなり景気がよくなる時期なんだよ。

とくに、コロナ禍で業績が大きく落ち込んだ飲食業、アパレルや百貨店などの内需関連企業の業績が大きく回復することが期待される時期なんだ。

これまで内需企業群は、業績が悪化して配当金を減らしたり、優待の改悪などをしていた企業が多かったんだけどね。

今後、このような内需関連企業の国内景気が順調に回復して業績を改善していくと、配当金が増えたり、優待条件の改善も期待できる状況となっていくんだ。

4 企業の業績からも株価上昇は見てとれる

　先ほど説明したような、188ページの表の丸b部分はいつになるか。例えば、これをトリドールホールディングス（3397）の優待利回りだけ見ても3.5％あります。こうした銘柄の値動きを見ているだけで、日経平均株価の株価動向チェックをする必要がなくなると考えています。トリドールは、すべての優待銘柄を主導するような銘柄となっているのです。

トリドールホールディングス（3397）　約10年の月足チャート　東証1部

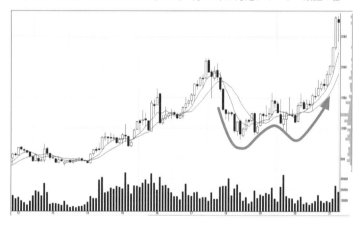

　トリドールは、優待銘柄の代表のような銘柄であり、2018年1月頃に一度大天井をつけています。この時期が、先ほど図の丸b部分とおおむね一致しています。

　その後、チャートにあるようなW型（矢印）の大底をつき、2020年3月以降からは株価も上昇トレンドに大きく転換してきています。これは、優待ポートフォリオ投資をするのに最適の時期にあることを示唆しています。また、この銘柄が天井をつけて、

10 〜 20％も株価が下がった場合には、優待ポートフォリオ投資の銘柄を処分する時期になる可能性が高いとも考えられます。

　チャートを見ても、2018 年 1 月頃に同社の株価が当時の大天井をつけて、2019 年 3 月頃に底をつけるまでは、優待ポートフォリオ投資に向かない時期であったことを示唆していました。

　このような優待銘柄の「主導株」と見られる銘柄の株価を追い続けることで、優待ポートフォリオ投資をうまくやることができるということも知っておくといいかもしれません。

　最近では、世の中の不景気によって業績が悪化し大きく下がっていた飲食業や小売業の株価が上昇へと転換してきています。今後半年くらいで内需が大きく回復することが示唆されているのかもしれません。

　内需企業の代表ともいえる百貨店、三越伊勢丹（3099）のチャートを見ても、ようやく株価が上昇トレンドに転換しつつあることが確認できます。

三越伊勢丹ホールディングス（3099）　約10年の月足チャート　東証 1 部

このような現状から、継続して株式投資をすることで個人投資家も大きなメリットが得られる時代がやってきたことを実感できるのではないでしょうか。

　優待ポートフォリオ銘柄の大半が、総合利回りが４％程度あるものであり、株式投資の分類では「バリュー株投資」と呼ばれるものです。配当金額などから見て、割安な銘柄への投資が優待ポートフォリオ銘柄の大半になります。

　銘柄群の株価が上昇してくる時期は、景気拡大が明確になり始めた今のような時期になります。このようなバリュー株と呼ばれる銘柄群は、これから緩やかな株価上昇をし始める時期なのです。

　次の不況期の到来が想定される時期（2028 ～ 2029 年頃）までは、安心して優待銘柄に数多くあるバリュー株投資もできる時代となると想定しています。

　2028 年頃の景気の大天井時期までには、優待ポートフォリオの銘柄の総合利回りは、平均で２％程度まで下がっているでしょう。これは、優待ポートフォリオの銘柄の株価が、現時点の株価の２倍にもなるということなのです。

　そのような時期がきたら、優待ポートフォリオ銘柄の大半を一度売却して、株価が大きく下がった時点で、この本に書かれているような方法で買い直しをすれば、大きな成果が得られるでしょう。

　私は、2021 年６月から 2023 年３月くらいまでは、バリュー株の銘柄でもある優待ポートフォリオの銘柄への投資が、もっとも効率よく資産を増やす方法になると想定しています。

2022 年 4 月以降の大きなバリュー株の値上がりとともに、その投資効率が実感できるタイミングになると想定しているからです。

その頃には、日経平均も 3 万円を軽く超えて 4 万円くらいまで上昇するという想定をしています。

その後、しばらくは日経平均に調整が入り、2025 年頃には、日経平均が 5 万円になる到達シナリオを想定しているからです。あなたもこのような背景にある優待ポートフォリオを実行すれば、それを実感できるようになるのです。

最後に、こうした背景から次の言葉を贈らせてください。

「小さな金額でコツコツと積み上げた優待ポートフォリオの花が数年後には満開になるのです」

家族みんなで楽しめる、レジャー施設で使える優待券・割引券を贈る企業一覧（100株のもの）

- いちごホテルリート投資法人　投資証券（3463）　1月、7月　※1株以上
  Jリーグ観戦チケット（要応募）
- いちご（2337）　2月、8月　※1株以上
  抽選でJリーグ観戦チケット　※自社指定専用サイトで要応募
- 近鉄百貨店（8244）　2月、8月
  志摩スペイン村「パルケエスパーニャ」パスポート優待券2枚（約20％割引）
  「ひまわりの湯」優待券2枚（約25％割引）
  「あべのハルカス ハルカス300」（展望台）入場優待券2枚
- コア（2359）　3月　※200株以上1年以上継続保有の株主のみに進呈
  東京国立博物館メンバーズプレミアムパス
  奈良国立博物館プレミアムカード
  九州国立博物館メンバーズプレミアムパス　のいずれか
- ジャパンベストレスキューシステム（2453）　3月　※1株以上
  キッザニア優待券1枚（優待価格で最大19人まで利用可）
- 飯田グループホールディングス（3291）　3月
  「江の島アイランドスパ」温泉・プールエリア利用券4枚
- エコナックホールディングス（3521）　3月　※500株以上
  株主平日優待券「テルマー湯」にて利用可
- アミューズ（4301）　3月　※応募で上回った場合は抽選
  自社主催のコンサート・イベント・舞台・映画等へ適宜招待
- ソフト99コーポレーション（4464）　3月　※500株以上
  5コース（カーケア製品・生活用品・「極楽湯」無料入浴券3枚等）より選択
- オリエンタルランド（4661）　3月
  1DAYパスポート
  ※「東京ディズニーランド」または「東京ディズニーシー」いずれかのパークで
    利用可
  ※23年9月のみ100株以上を18年9月から継続して保有した株主には4枚追加
- ラウンドワン（4680）　3月、9月
  割引券（500円）5枚
  ※1000円以上の利用につき1日1枚利用可
  ※プロショップ用品・アミューズメント利用料等対象外有
  会員入会券1枚（クラブ会員）

「健康ボウリング教室・レッスン」優待券1枚

● リソルホールディングス（5261）　3月

「ライフサポート倶楽部」会員カード

Sport & Do Resort リソルの森の優待料金

グランヴォースパ ヴィレッジ、フォレストアドベンチャー・ターザニア等

● 淀川製鋼所（5451）　3月、9月

「ヨドコウ迎賓館」入館券1枚（1枚につき4名まで利用可）

カタログギフト（3月のみ）2000円相当

● 三菱マテリアル（5711）　3月、9月

自社グループ会社運営観光坑道の無料利用

金、プラチナ、購入、売却時の優待

● 日本電産（6594）　3月、9月

自社子会社オルゴール記念館無料入館リーフレット　※1株～

抽選で50名を国内自社事業所見学会に招待（10年以上保有9月のみ）

● 伊豆シャボテンリゾート（6819）　3月　※1000株以上

「伊豆シャボテン動物公園」平日・全日招待券

「伊豆ぐらんぱる公園」平日・全日招待券

「ニューヨークランプミュージアム＆フラワーガーデン」平日・全日招待券

「伊豆高原グランイルミ」平日・全日招待券

● サヤノスホールディングス（7022）　3月

「パレットタウン大観覧車」利用券2枚

● 本田技研工業（7267）　3月、6月、12月

遊園地優待利用券1枚（3月のみ）

「ツインリンクもてぎ」「鈴鹿サーキット」のいずれかで、1枚につき5名まで、1回限り利用可

抽選でレース等へ招待（6月のみ）

抽選で1組4名を自社イベントに招待（12月のみ）

● ひろぎんホールディングス（7337）　3月

抽選で「広島東洋カープ」または「サンフレッチェ広島」観戦ペアチケット、または「広島交響楽団」鑑賞ペアチケット

「ひろしま美術館」無料招待券2枚

株主優遇定期預金作成（0.05％上乗せ）、または地元特産品（2500円相当）

● 第一興商（7458）　3月、9月

優待券（500円）10枚（ビッグエコー、カラオケマック等）

● NEW AR ホールディングス（7638）　3月、9月　※1株以上　◎高配当銘柄

「軽井沢ニューアートミュージアム」招待券

買物優待カード（マリッジリング15%割引・他商品20%割引）

買物優待カード（エステサービス契約時特典）

● サンリオ（8136）　3月、9月

「サンリオピューロランド・ハーモニーランド」共通優待券3枚

買物優待券（1000円）

● 富士急行（9010）　3月、9月

フリーパス引換券（「富士急ハイランド」「ぐりんぱ」「さがみ湖リゾートプレジャー

フォレスト」フリーパス、「スノーパーク イエティ」「あだたら高原スキー場」1

日券、「あだたら高原ロープウェイ」往復券）

● 秩父鉄道（9012）　3月

「宝登山小動物公園」特別入園券5枚

「長瀞ラインくだり」優待割引券（50%割引）5枚

● 東日本旅客鉄道（9020）　3月、9月

「鉄道博物館」入館割引券（通常料金50%割引）2枚

「東京ステーションギャラリー」入館割引券（50%割引）2枚

● 西日本旅客鉄道（9021）　3月

「京都鉄道博物館」入館割引券（50%割引）1枚（2名まで利用可、一部除外日有）

● 近鉄グループホールディングス（9041）　3月、9月

「生駒山上遊園地」「志摩マリンレジャー」共通優待券1枚（※割引額は施設により異なる）

志摩スペイン村「パルケエスパーニャ」パスポート優待券（約20%割引）2枚

「あべのハルカス ハルカス300」（展望台）入場優待券（大人200円・中高生以下100円割引）2枚

● 京阪ホールディングス（9045）　3月、9月

「ひらかたパーク」株主招待券2名分（入園券2枚、招待用乗車券4枚）

同のりもの乗り放題優待券（300円割引）2枚

● 神戸電鉄（9046）　3月、9月

「有馬温泉太閤の湯」優待券

● 名古屋鉄道（9048）　3月、9月

「リトルワールド」「日本モンキーパーク」（遊園地部分のみ）「南知多ビーチランド＆南知多おもちゃ王国」共通入場招待券6枚

「明治村」入村料優待割引券（大人・シニア・大学生・高校生1000円に割引、1枚で2名まで利用可）2枚

- 山陽電気鉄道（9052）　3月、9月
「須磨浦山上遊園」招待券2枚
- 北海道中央バス（9085）
スキー場優待引換券2枚
※「ニセコアンヌプリ国際スキー場」リフト・ゴンドラ券（1日券）、または「小樽天狗山スキー場」リフト・ロープウェイ券（8時間券）と引換え可。夏期は「ニセコアンヌプリゴンドラ」、または「小樽天狗山ロープウェイ」往復乗車券と引換え可
- 常磐興産（9675）　3月、9月
「スパリゾートハワイアンズ」無料入場券
- 東急レクリエーション（9631）　6月、12月
※株主には株主優待カードを発行
※直営映画館・ボウリング場で利用可
入場1回あたりの使用ポイントは施設により異なる。
月間使用限度（持株数により8～22ポイント）有
- グリーンランドリゾート（9656）　6月、12月
遊園地等無料入場券、のりもの回数券引換券、ＶＩＰフリーパス（株主家族・記名式）
※指定の自社グループ施設（北海道・九州）で利用可。
- 藤田観光（9722）　6月、12月
宿泊・レストラン・レジャー施設共通優待券
※宿泊料金50％割引（割引限度額2万円、一部施設は除外日有）、レストラン飲食料金20％割引（割引限度額1万円）、「箱根小涌園ユネッサン」「下田海中水族館」入場料50％割引（1枚につき10名まで）日帰り施設利用券
※「箱根小涌園ユネッサン」、または「下田海中水族館」で1枚につき2名まで利用可
- ウエスコホールディングス（6091）　7月
「四国水族館」入場券1枚
- コシダカホールディングス（2157）　8月
株主優待2000円相当（自社グループ運営カラオケ・温浴施設で利用可）
- 極楽湯ホールディングス（2340）　9月
無料入浴券4枚　※100株以上
※1年以上継続保有（3月、9月の株主名簿に連続3回以上記載）した株主のみに贈呈。2年以上継続保有（3月、9月の株主名簿に連続5回以上記載）の株主には1枚追加
※「極楽湯」「RAKU SPA」「RAKU SPA GARDEN」「RAKU SPA Cafe」「RAKU

SPA 1010」「祥楽の湯」で利用可

「RAKU SPA 1010 神田」の RAKU SPA コース、「RAKU SPA 鶴見」「RAKU SPA GARDE 名古屋」、および中国直営店舗は1名につき2枚必要

「京王高尾山温泉／極楽湯」等、国内FC（一部）・中国FC店舗での利用不可

- 東京都競馬（9672） 12月

「東京サマーランド」株主招待券4枚

※1枚につき1名・1回限り利用可（日付指定予約整理券の要取得。有効期間4月〜9月末

「東京サマーランド」春季ファミリー招待券4枚

※1枚につき1名・1回限り利用可。日付指定予約整理券の要取得。

有効期間4月〜6月末

家族みんなで楽しめる、レストランで使える優待券・割引券を贈る企業一覧

- すかいらーく（3197） 6月、12月

2000円分の自社グループレストラン株主優待カード

- 日本マクドナルドホールディングス（2702） 6月、12月

食事優待券

- 吉野家ホールディングス（9861） 2月、8月

3000円分の株主優待券または自社グループ詰め合わせセット

- ゼンショーホールディングス（7550） 3月、9月

1000円分の食事優待券

- クリエイト・レストランツ・ホールディングス（3387） 2月、8月

2000相当の優待食事券

- ヨシックス（3221） 3月、9月

3000円相当の優待食事券

- モスフードサービス（8153） 3月、9月

1000円相当の優待券

- NATTY SWANKY（7674） 6月、12月

餃子居酒屋「ダンダダン酒場」の1万円相当の優待食事券

- ペッパーフード（3053） 6月、12月

1000円相当の優待食事券

- コメダホールディングス（3543）　2月、8月
  1000円相当の自社電子マネー
- サニーサイドアップグループ（2180）　6月 ※200株以上
  自社運営レストラン優待券（bills）
- FOOD & LIFE COMPANIES（3563）　3月、9月
  1000円相当の優待割引券
- トリドールホールディングス（3397）　3月、9月
  3000円相当の優待割引券
- キューソー流通システム（9369）　11月
  1000円相当のジェフグルメカード
- サンマルクホールディングス（3395）　3月
  株主優待20%割引カード
- テンポスホールディングス（2751）　4月
  8000円相当の食事券
- ロイヤルホールディングス（8179）　6月、12月
  1000円相当の優待食事券
- 大庄（9979）　2月、8月
  3000円相当の優待飲食券
- 木曽路（8160）　3月、9月
  1600円相当の食事券
- コロワイド（7616）　3月、9月
  500株以上　株主優待ポイント10000ポイント×2回
- 松屋フーズ（9887）　3月
  優待食事券10枚
- 関門海（3772）　3月、9月
  自社店舗2000円相当の割引券
- 海帆（3133）　9月
  2500円相当の食事優待券
- アイケイケイ（2198）　4月
  1500円相当の自社特選品（お菓子）
- アトム（7412）　3月、9月
  2000円相当のお食事券

子どもと楽しめる、優待券・割引券を贈る企業一覧

- ハピネット（7552）　3月
  オリジナル玩具・ゲーム・DVD26種類より1つ
- バンダイナムコホールディングス（7832）
  2000ポイント　※ポイントに応じてこども商品券
- タカラトミー（7867）　7月、9月
  割引購入券、トミカ、リカちゃん人形
- ブルボン（2208）　9月
  自社商品詰め合わせ
- ヒラキ（3059）　3月
  2000円相当の自社買物券
- サーティワンアイスクリーム（2268）
  自社製品引換券1000円相当
- 不二家（2211）　12月
  優待券3000円相当
- 西松屋チェーン（7545）　2月、8月
  買物カード1000円相当　※長期保有の場合500円相当あり
- キムラタン（8107）　※200株以上
  優待券2000円相当
  優待クーポンキー3000円相当
- ナルミヤ・インターナショナル（9275）　2月
  お買物券2000円相当
- スタジオアリス（2305）
  写真撮影券1枚
- 学研ホールディングス（9470）　9月
  自社グループ会社商品(1)1-2点セット
  ※1200株以上を3年以上継続保有の場合、オリジナル優待品・サービスを追加贈呈

お父さんが楽しめる、優待券・割引券を贈る企業一覧

- 平和（6412）　3月、9月
  ゴルフ場で使える優待券2000円相当

- サムティ（3244）　11月　※200株以上
  出張で使えるホテル無料宿泊券1枚
- ルネサンス（2378）　3月、9月
  スポーツクラブルネサンスの優待券2枚
  美容・健康器具を扱う自社オンラインショップで利用できる6000ポイント
- ビジョナリー（9263）　4月、10月
  メガネレンズ仕立券1万円相当、検査料4000円相当
  リラクゼーション券1000円相当

お母さんが楽しめる優待券・割引券を贈る企業一覧

- 巴工業（6309）　10月
  自社関連会社取り扱いワイン
- AVANTIA（8904）　8月　◎高配当銘柄
  クオカード1000円相当
- ヤーマン（6630）　4月
  株主優待割引5000円相当　※100株以上
  株主優待割引1万4000円相当　※500株以上
- MTG（7806）　9月
  株主優待ポイント付与6000ポイント　※100株以上
  株主優待ポイント付与40000ポイント　※500株以上
- イワキ（8095）　11月
  自社商品5000円相当の高級美容品
- ハーニーズ（2792）　5月
  婦人服等の自社優待券3000円相当
- バロックジャパンリミテッド（3548）　2月、8月　◎高配当銘柄
  自社店舗とオンラインで使える優待券

※以上は、2021年6月現在の優待情報であり、場合によっては変更されることがあるので、ご注意ください。

〈著者プロフィール〉
成長株テリー

大学卒業後、1980年代から株式投資および不動産投資を始め、数億円単位の資産を作る。ウィリアム・オニールが推奨した成長株投資法の日本株市場での実践者。ニュージーランド在住。独自の視点と観察力で、リーマン・ショックなど、日本の経済停滞期にも資産を大きく減らすことなく現在に至る。成長株投資で儲けた資金をもとに不動産投資を行うのが、資産運用の特徴。
著書に『スピード出世銘柄を見逃さずにキャッチする 新高値ブレイクの成長株投資法──10倍株との出合い方を学ぶ』『日経平均5万円時代がやってくる』(パンローリング)、『株は新高値で買いなさい! 今日から始める成長株投資』(秀和システム)、『ゼロから純資産5億円を築いた私の投資法』(ぱる出版)など。

〈装丁〉竹内雄二
〈チャート〉パンローリング株式会社
〈イラスト〉高橋のぞみ
〈DTP・図版作成〉沖浦康彦

成長株に化ける優待株の探し方

2021年12月6日　　　初版発行

著　者　　成長株テリー
発行者　　太田　宏
発行所　　**フォレスト出版株式会社**
　　　　　〒162-0824 東京都新宿区揚場町2-18　白宝ビル5F
　　　　　電話　03-5229-5750(営業)
　　　　　　　　03-5229-5757(編集)
　　　　　URL　http://www.forestpub.co.jp

印刷・製本　　萩原印刷株式会社

**成長株に化ける優待株の探し方
読者無料プレゼント**

成長株テリー流
投資で
やってはいけないこと

音声ファイル

カリスマ投資家として5億円以上の資産を築いた成長株テリーさんが、投資マインド、株式投資でのタブーを解説されています。
カリスマ投資家だからこそ日頃から習慣にしている「ゴールデン・ルール」を開陳されています。
あなたの投資の参考に、ぜひご活用ください。

この無料プレゼントを手にするには
こちらへアクセスしてください
↓
http://frstp.jp/skabu

※無料プレゼントは、ウェブサイト上で公開するものであり、冊子やCD・DVDなどをお送りするものではありません。
※上記無料プレゼントのご提供は予告なく終了となる場合がございます。あらかじめご了承ください。